楽しさと生きがいを手に入れる

定年顧問

岩崎和郎

自由国民社

はじめに

あと数年で定年を迎えるあなたは、定年後についてどのようにお考えですか？

「退職後は、スペイン・バルセロナのサグラダファミリア目の前のマンションにステイして、チーズとワインを両手に飽きるまで眺めていたい」

こんな風に答える方もいるかもしれません。

定年を迎えた方のほとんどは、長いサラリーマン生活がやっと終わったという解放感に包まれているでしょう。退職金を受け取り、申請すれば「雇用保険」がもらえるため、当面の生活には困りません。1日の多くを趣味に没頭、ためこんだＤＶＤも見放題。毎日が日曜日といった状況になるかもしれません。

「雇用保険」は半年近くもらえるし、これまでの会社名と役職で、後輩や取引先から
そのうちうまい話がくるだろう。ゆっくり待っていればいいさ。
このように幸せな時間は過ぎていくでしょう。しかし、そういう生活は長続きしません。

のんびりとした生活を送っていたある日、それまでずっと静かに見守っていた妻から、

「お父さん！　雇用保険は来月で最後だけど、仕事は見つかった？」

のきつい一言が。

「ドキッ！」

そういえば、期待していた後輩や取引先からのお誘いがない。

「ちょっと聞きたいことがありまして・・」といった電話は退職直後にはあったものの、その後は、なしのつぶて。

「ねえ、お父さん　どうするのよ！」

「うーん、明日にでもハローワークに・・・・」

と返事をするのが精一杯。

「年金だけになったら、お父さんのお小遣いはなしよ！」

重い腰を上げてハローワークに行ってみると、予想外の現実が待っています。
自分にできそうな仕事は、「マンション管理員」「清掃の仕事」「交通指導員や警備の仕事」ぐらい。
しょんぼり帰宅すると、

「どうだった？　決まったの？」

「あるにはあるが、どれにしようか迷っている」

悩むあなたに妻の第二声が轟く。

「決まらなかったのね。今日からお父さんの晩酌は、これよ！」

どーん！　と目の前に、4リットル入りペットボトルの焼酎が置かれました。

そんなある日、近くに住む同年代の加藤さんがスーツ姿で出かけるのを目にします。時刻は、10時過ぎで普通の会社の始業時刻は過ぎていました。

翌週、先週と同じ曜日・同じ時刻に加藤さんがスーツ姿で出かけているのを目にします。気になったあなたは、しばらくしてから普段着で散歩中の加藤さんに声をかけました。

「加藤さん　会社を退職されたと聞きましたが、毎週同じ日にスーツ姿で出かけておられますね。何か仕事をされているんですか？」

「私は、顧問をしています」

「顧問？　顧問というと会社の社長や会長が引退後にする役職の？」

「違います。私は、会社の役職者に就いたことがありません」

「そうすると顧問弁護士や顧問税理士といった士業ですか？」

「違います。私はそのような資格は持っていません」

「そうすると加藤さんは、どういった顧問をされているのですか？」

「私は、ある大手企業の社外顧問をしています。企業に属さず、専門的な知識や経験をもって指導に当たるという仕事をしています」

「わかるような、わからないような……。初めて聞く話です」

「そうでしょうね。あまりよく知られていない職種ですからね」

「もう少し詳しく教えてくださいませんか」

社外顧問という仕事の歴史はまだ浅く、ほとんどの方がその存在すら知りません。

社外顧問とは、企業には属さず、客観的な立場でアドバイスをする仕事です。現役時代の人脈を紹介することで業務の範囲が広がり、売り上げの増加や業務の拡大につながります。また、スキル、ノウハウ等の提供により、技術革新につながることもあります。

フルタイムの仕事もありますが、週1、2日の仕事がほとんどですので、残りの日々は、余暇として充実した時間を過ごすことができます。しかも、報酬については、働く口数によっては現役時代の報酬に匹敵するか、上回ることも珍しくはありません。現職時代の経験を活かすのが原則ですから、新たな資格を取得する必要も、まずありません。

通常であれば、就職において高年齢ということはネックになりますが、顧問の場合は、事情が異なります。ある程度の年齢であることが必要で、長い就業に裏付けられた豊富な経験が望まれるのです。

ですから、定年前後の年齢が顧問を始める際の適齢といえると思います。

そんな知られざる社外顧問について、実際私が行っている顧問業の経験をベースに

本書で余すところなく紹介しましょう。

本書の構成は次のようになっています。

第1章では、定年前後の雇用状況を説明します。

再雇用や再就職ではなく、社外顧問という選択肢があることを記しています。

第2章では、社外顧問になるため、「顧問派遣会社」の探し方から、詳細なプロフィールの作成方法、顧問派遣会社の担当者との面談のやり方などを解説します。

第3章では、企業を紹介された際、面談での準備しておくべきポイントを説明します。

第4章では、顧問ライフを楽しみ、長く続けていくための秘訣をお伝えします。

社外顧問という言葉を初めて知った方は、第1章から順に読み進めていかれればよいと思います。

登録してはみたものの、なかなか良い話が来ない方は、第2章以降をお読みいただき、その顧問派遣会社が、あなたのスキル、ノウハウ、人脈に合った会社かどうかを見直してみてください。プロフィールを見直してみることもおすすめします。

企業を紹介されて面談まではいたるものの、なかなか「顧問をお願いします」の一言をもらえないあなたは、第3章の面談のポイントをよく読み、周到な準備をした上で、企業との面談に臨んでください。

社外顧問は、定年前後の方々にとって、非常に魅力のある仕事です。

しかし、採用に至るには、それなりの準備が必要です。

準備が周到であるか否かによって、あなたの採用の可否が決まるといってもいいでしょう。

一緒に定年顧問を目指しましょう。

目次

第2章 自分に合う顧問派遣会社を探し、登録する …… 65

第1章

早期退職・定年後は「社外顧問」＝「定年顧問」という選択がある

定年後の働き方の選択肢は限られています。企業の取締役など「組織で位を極めた人」であれば、取引先企業に厚遇で迎え入れられたり、業界団体の公職に就くなど、引く手数多かもしれません。ただ、そういう人は、ごく少数です。では、普通の人には長年働いてきたプライドを保てるような働き方はないのでしょうか。「社外顧問」は、その1つ。その知られざる世界を、ここでご紹介しましょう。

定年前後は、これからの人生や仕事について誰もが悩む時期

50代も後半になると定年後のことについて誰もが悩む時期になります。

定年後に再就職するのか、再雇用に応じるのか、あるいは就職することなく豊かな老後を味わうか、あるいは起業するのか。多くの方は真剣に、あるいはなんとなく思い悩んでおられると思います。住宅ローンの残りがあとどれぐらいか、退職金はどれぐらい出るのか、再雇用の条件はどうなっているのだろうか。未知の領域であるだけ

に、さまざまな不安もあるでしょう。

このように思い悩んではいるものの誰に相談していいかわからない。会社に聞けばいいのかもしれませんが、転職でもする気なのかとか、早期退職するのではないかなどと、変に勘ぐられたくはありません。相談したくてもどこに相談すればいいのかわからない、というのが現状ではないでしょうか。しかし、実際のところ現実的に選択できるのは次の5つしかありません。

①再雇用に応じる
②転職する
③人材派遣会社に登録して嘱託として働く
④パートやアルバイトで働く
⑤起業する

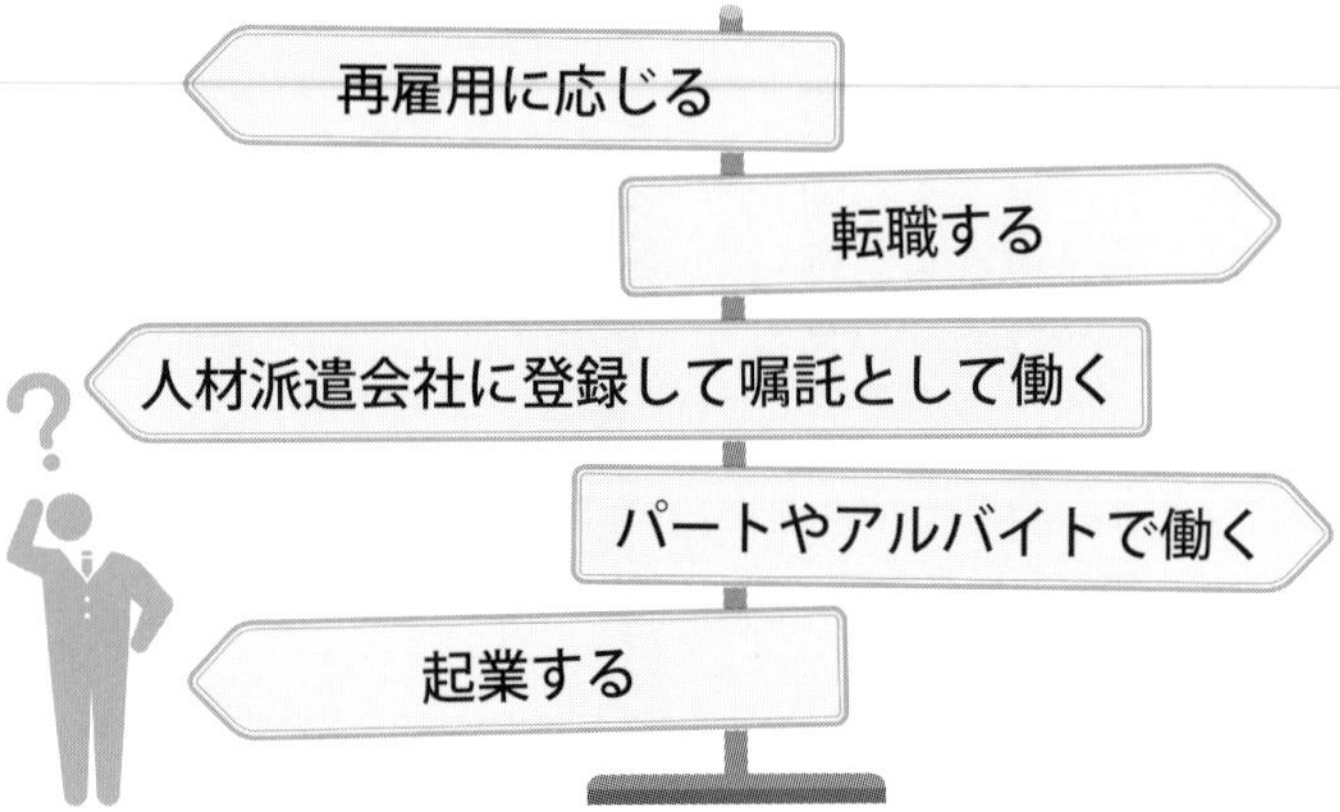

いずれを選択するべきか。一番手っ取り早いのは、同じ会社で再雇用に応じた人の話を聞くことです。再雇用以外のことを考えている人は、再就職した人や、起業した人など、それらの別の道を選んだ人に聞くことになります。とはいえ、いくら人に聞いてみたとしても、各人それぞれの事情がありますので、自分に置き換えた場合、どれがいいのかという判断がつかないはずです。

このように思い悩んでいる状況で大切なことは、「自分自身の今までの人生」を、ここでもう一度振り返ってみることです。振り返ってみて、自分自身の「棚卸し」をすることです。

人生で楽しかったこと、嬉しかったこと、悲しかったこと、興奮したこと、そのような出来事を振り返り、一つひとつについて再度考えてみましょう。そうすると、今後の人生についての道筋が見えてくるかもしれません。一つひとつの悩みをどうやって解決し、今後どのようにしていきたいのか。あなた自身がやりたいことを見極めて、その道を進んでいくという姿勢が必要です。定年後は、基本的にはやりたいことだけをやっていけばいいのです。やりたくないことをあえてやる必要はありません。

とはいえ、まず現実を知る必要はあります。

あなたが知らない本当の定年後をまず覗いてみましょう。

高年齢者雇用安定法の施行により誰もが「再雇用」されるようになった

２０１３年に高年齢者雇用安定法が施行されました。

この制度は、事業主に対して、65歳までの雇用機会を確保するため、高年齢者雇用確保措置（①65歳まで定年引上げ、②65歳までの継続雇用制度の導入。特殊関係事業主…子会社・関連会社等によるものを含む、③定年廃止）のいずれかを講ずることを義務付ける、というものでした。

実際はどのように運営されているかというと、厚生労働省の令和2年の就労条件総合調査によると、①65才以上の定年引上げ企業は、16・6％、③定年廃止企業は、4・5％で、②65才までの継続雇用制度の導入は、76・9％でした。つまり、ほとんどの企業は、②65才までの継続雇用制度を導入したことになります。

では、この継続雇用制度とは、どのようなものなのでしょうか。特徴は3つあります。

①継続雇用制度では、1年ごとに契約更新を行う非正規の有期契約社員となる

②賃金制度、休暇制度、福利厚生制度が変更になる

③現行の仕事を継続する割合が低い

このように、名称は継続雇用となっていますが、現在の雇用がそのまま継続されるわけではなく、中身はまったく違ったものになっているといえます。ほとんどの方は、会社における継続雇用制度の実態を知らずに再雇用に応じているといっても過言ではないでしょう。

この高年齢者雇用安定法は、ますます進む少子高齢化の現状を踏まえ、法改正されました。令和3年4月1日施行の「改正高年齢者雇用安定法」では、70才までの就業機会が、「努力義務」として掲げられました。

改正法の柱は以下のようなものです。

事業主に対して、65歳から70歳までの就業機会を確保するため、高年齢者就業確保措置として、以下の①〜⑤のいずれかの措置を講ずる努力義務を設ける。努力義務について雇用以外の措置（④及び⑤）による場合には、労働者の過半数を代表する者等の同意を得た上で導入されるものとする。

①70歳までの定年引上げ
②70歳までの継続雇用制度の導入（特殊関係事業主に加えて、他の事業主によるものを含む）
③定年廃止
④高年齢者が希望するときは、70歳まで継続的に業務委託契約を締結する制度の導入
⑤高年齢者が希望するときは、70歳まで継続的にa．事業主が自ら実施する社会貢献事業　b．事業主が委託、出資（資金提供）等する団体が行う社会貢献事業に従事できる制度の導入

また、改正の背景と趣旨については、次のように記載されています。

・少子高齢化が急速に進展し人口が減少する中で、経済社会の活力を維持するため、働く意欲がある高年齢者がその能力を十分に発揮できるよう、高年齢者が活躍できる環境整備を図ることが必要。
・個々の労働者の多様な特性やニーズを踏まえ、70歳までの就業機会の確保について、多様な選択肢を法制度上整え、事業主としていずれかの措置を制度化する努力義務を設ける。

努力義務ですから、必ずしも「70歳まで就業させなければならない」というわけではありません。引退後の高齢者の活躍により、労働人口の減少を補ってほしい、との思いもあるようです。

また、年金財政が悪化しているため、将来的には年金の受給開始年齢が65歳から70歳に引き上げられる、という思惑もあるようです。

いずれにしろ、働く意欲のある高年齢者にとっては、活躍できる環境が整いつつある状況にあり、就業機会の確保を促進するための支援も広がりつつある、という状況にあるといえます。

「再雇用」は同じ仕事をしても給与は6割未満65歳まで1年ごとの契約更新

再雇用か再就職するのかという選択は、定年が近づいてきた方にとっては、早晩いずれにするか決定しなければいけない問題です。

あと半年ほどで定年を迎える家族の会話です。

「お父さん、再雇用か再就職か考えていたけど、どちらかに決めたの?」

「再雇用にするつもりだったんだけど、退職金に影響するみたいなんだ」

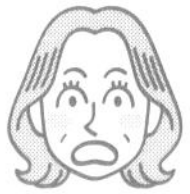
「えー。再雇用にすると退職金が減額されるの？」

「そうなんだ。再雇用により、給与は6割程度になるんだけど、退職金も減額されるらしい」

「えー。退職金でこの家のローンを全部返すつもりだったんじゃないの？」

「ローンについては、ほぼ返せる見込みなんだけど、返したらほとんど残らなくなるみたいだ」

「ローンが返せるのはいいけど、ある程度まとまったお金がないとこの先心配でしょう」

「そうなんだ。ある程度貯金しておかないといざという時、困る」

「それがわかっているなら、退職金は全部貰って、給与のほうで調整してもらいなさいよ」

「それも計算したんだけど、その給料では、月々の生活はギリギリか、もしかしたら、足りなくなるかもしれない」

「じゃあ、どうするのよ。お先真っ暗じゃない。年金はまだもらえないんだから、何年かはその給料でやっていかなければならないんでしょう？」

「その給料に関しても1年目はその金額なんだけど、1年ごとに契約は更新され、金額も見直しされるみたいなんだ」

「1年ごとに給料が下がるかもしれないってこと？」

「詳しくはわからないけど、そういう事態になるかもしれない。退職金はまるごと貰うとして、再就職先を探してみるよ」

そこへ、つい最近、転職が決まった娘がやってきて、

「お父さん。入社以来履歴書も職務経歴書も書いたことがないのに大丈夫？」

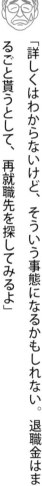

「お父さんは、入社以来今の会社一筋だ。いろいろな経験もしているので経歴は豊富だよ」

「パソコンはそこそこできるみたいだけど。今の経験を活かせる仕事があればいいけど、現実は厳しいよ」

就職に苦労してきた娘の言い分にも一理あります。

この話のように「再雇用」は、同じ仕事をしても給与は6割未満、65才まで1年ごとの契約更新が一般的であるようです。

「役職定年」という 定年退職前にやってくる定年

定年を迎える前に役職定年を迎える方がいます。

役職定年制度とは、部長や課長などの役職者がある一定年齢を超えるとその役職から外される制度です。「管理職定年制度」とも呼ばれています。

人事戦略のコンサルティングを行う人事戦略研究所によれば、２０２２年の調査において、役職定年制度を導入している企業は、29・１％でした。

役職定年制度は、１９８０年頃から行われた55歳から60歳への定年制の移行で導入されたケースが多いといわれています。高いポストの役職者を5年間同じ給料で雇い続けることが難しいため、役職を解任して雇用を続けられるようにしたわけです。若手が管理職に就くチャンスが生まれる等、組織の活性化や若手の育成を促進でき、人件費の削減にもつながりました。

しかし、役職定年を迎える側にとっては、給与が下がる(年収が2割減)、仕事のモチベーションが下がる、新たな職場環境でスタートするとストレスを感じるなど、マイナス面も多くあることがわかりました。

このように定年退職後、再雇用といった状況になる前にも、役職定年制によって、再雇用と同じ状況になる人が少なからずおられるということです。

一方、雇用が保証されているかに見える公務員に関しても、動きがあります。公務員の雇用機会については、「国家公務員法等の一部を改正する法律」(令和3年法律第61号)により、令和5年度から次のように変わりました。

- 定年の段階的引き上げ(2年に1歳ずつ)
- 役職定年制
- 60歳に達した職員の給与の改定

・60歳以降定年前に退職する場合でも、定年退職と同様に退職手当を算定
・定年前再任用短時間勤務制

　このうち、役職定年制は、60歳に達した管理監督職の職員は、非管理監督職ポストに降任等(役下り)し、60歳に達した職員の給与は、61歳に達する年度から基本給は、7割支給になる、というものです。ただし、7割水準になるものは、地域手当、期末勤勉手当などです。7割水準にならないものは、住居手当、扶養手当、通勤手当などです。

　こうなると、公務員の方も50歳前後からは、将来の雇用情勢を鑑みて、早い段階から定年後の将来設計について考え始めた方がよさそうです。

第6の選択肢「社外顧問」とは何か

定年後多くの方が選択される「再雇用」の実態に関しては、最近大手新聞の投書欄に次のような投書がありました。

「地方公務員の方で、再任用職員の初めてのボーナスが1か月分だったそうです。毎月の給料は7割になったとのこと。年齢を1つ重ねただけで、働いた分の正当な対価が与えられなくなるのは問題とのことでした。」

地方公務員でさえこの現状か、と思いました。民間会社は毎月の給料は、よくて5割、ボーナスをもらえる人は、ほとんどいません。「再雇用」を選んだおよそ8割が給与に不満を抱いていることが最近の統計で明らかになりました。

最も一般的で、選択する人が多かった再雇用も、なかなかシビアであることがおわかりいただけたでしょうか。

前に挙げた5つの選択肢のうち、「②転職する」も定年後にはなかなか難しそうであることは、多言を要さないでしょう。よほど高いスキルを持っている、というようなことがない限り、転職先は多くはないでしょうし、待遇もそれほど期待できないと思います。

「パートやアルバイトとして働く」「人材派遣会社に登録する」の2つは、収入面で多くを望むことはできません。

「起業」して成功することがたやすいことではないことも、説明するまでもないでしょう。

しかし、**ここに第6の選択肢があります。**

それが「**社外顧問**」です。

私は、今現在、顧問として働いています。ここで、私自身の紹介を兼ねて、顧問としてどのような働き方をしているかをご説明したいと思います。

私は工学系大学院で無機工業化学を学び、大手セメント会社に入社しました。セメントの品質管理とセラミックスの開発研究に携わったのち、この専門性を活かして転職をし、鉱業系の会社を定年退職するまでに4社の社歴がありました。社会人としてのキャリアを通じて、セメントに関する技術職として働いたことになります。

そして、今現在は、建築・土木構造物の検査・調査を行う会社で、技術顧問として働いています。当初、研究開発本部長のポストを打診されたのですが、他社で顧問業務を行っていたため、常勤ではなく、顧問として採用されることになりました。

この会社で顧問を始めたのは2022年6月から。現在は、毎週月曜日の1時から2時半まで出勤しています。私の役割は、技術的なアドバイスをすることです。少し専門的な話になりますが、この会社ではコンクリートの中性化を非破壊で測る技術を開発することを長年の懸案にしていました。それが可能になれば、事業領域が広がることになります。しかし、その分野での知識やノウハウはあまりありません。そこで、私の持つ知識と、長年の経験が求められたわけです。

最初の2～3ヶ月は基本をチームのメンバーにレクチャーすることが中心でした。話を進める中で、中性化とは少し違いますが、ある研究機関で塩化物イオンを測定する方法を開発しており、それを応用して中性化も測定できるのではないか、というアイデアが出てきました。そこで、その研究所と共同研究をしてはどうか、と私が提案をして、それが実際に進み始めたという段階までできました。

このように説明すると、私が過去の蓄積である知識を提供しているように思われるかもしれませんが、決してそうではありません。技術は常に進歩していますから、週1回のミーティングでは、最新の測定法にはどのようなものがあるか、ゼネコンではどのような検査を取り入れているか、関連学会ではどんな論文が発表されているかなど、最新の情報を私の方で収集して、共有したりもしています。つまり、インプットが欠かせない、ということです。

出勤するのは週1回、1時間半だけですが、そのための下調べなどに半日から1日はかけています。関係書籍や資料が揃っている国会図書館は、頻繁に利用しています。

いかがでしょうか。「顧問」という仕事のイメージが、少しでも伝わったでしょうか。顧問というのは、手の届かない雲の上の人にしかなれないもの、具体的には、士業と呼ばれる人や、会社の役職経験者が離職後に勤めるもの、というイメージがあるかもしれません。しかし決してそれだけではなく、私のように**専門性と経験を活かして事業に貢献する役割**もあるのです。

本書でお伝えしたいのは、こうした社外顧問です。名誉職ではなく、実務についてアドバイスする技能職といえるでしょう。そして、経験と知識、人脈のある定年世代であれば、専門性と経験を活かして働けるので、**私は「定年顧問」と呼んでいます。**

社外顧問はなぜ増加しているのか

社外顧問の増加の理由は、大きく分けて3つあります。

1つ目は、ベテランの社員が定年を迎えて続々と退職しており、人材の補給のため。
2つ目は、ビジネスの業態が複雑になり、新たなビジネスに対応していくため。
3つ目は、企業の売り上げの増加が伸び悩む中、なんとか外部人材の活用により、新たな業態にチャレンジしようとするためです。

このように、社外顧問の増加の背景には、働く世代の交代といった事情もあるといえます。

「2025年問題」という言葉を聞いたことがあるでしょうか。
2025年とは、団塊の世代の最後の人たちが75歳になる年のことです。

戦後のあるいは日本の高度成長経済を若手社員として支えてきた団塊の世代の方々が、遅かれ早かれ実務を引退されます。この状況はあらゆる業態において深刻な影響を及ぼします。特に従業員の多い企業ほど大きな問題となることが予想されます。

少なからぬ企業は、この状況を認識しており、社内教本、マニュアルなどの作成により、目に見える手引書等は、整備されつつあります。しかし、個人の持つノウハウや人脈などは、十分に引き継がれているとは言い難い状況にあります。教本やマニュアルもすべての事項を漏らすことなく記載されているとはいえません。

このような状況のもと、人材派遣業者や人材紹介業者もこの業態に着目しだしており、顧問派遣業者も20社以上と増加してきています。マーケットとしても誕生してからまだ10年ほどでその市場としては、今後大きく伸びる可能性があります。ただ、社外顧問を目指す人にとっても、社外顧問を受け入れる側にとっても、それがいかなる存在で、どのような機能を果たすのか、いまだよく知られていないというのが、現状です。『あなたのキャリアをお金に変える！』（齋藤利勝著 集英社）によれば、２０１

7年当時の顧問登録会社の登録者は、約8万人ほどでした。しかし、実際に活躍している人は4千人程度であり、稼働率は5％程度でした。

登録の人数は増加しているものの、稼働率がまだまだ低いという現状にあります。

「社外取締役」は経営に携わるから
アルバイト感覚では決して務まらない

社外顧問は、「社外取締役」のように、経営について一定の責任を負う役職とは違います。社外取締役は外部の視点により、企業経営のチェック機能を果たす役割を持つと言われています。

取締役会に出席して意見を述べることもありますので、経営に参画しているといえるでしょう。社内ならではのしがらみや社内派閥といった目には見えない利害関係に煩わされることもなく、忌憚なく意見を述べることなど期待されています。

「社外取締役」の制度は、会社法2号15条に記載されています。

社外取締役制度の目的は、①ガバナンスの強化と②社外の知見・ノウハウの取り入れの2点に集約されているといえます。

最近は、社外取締役のニーズが高まっています。特徴的なのは、男性の需要よりも、女性の需要が高まっていることです。

女性活躍社会といわれていますが、企業の経営者の数でいえば、女性取締役の数は、極端に少ないのが現状です。会社の取締役として、女性を登用したいと考えているが、内部の人材をすぐに昇進させるのは難しい。しからば、社外取締役として、外部から人材を招聘しよう。そうした経緯を踏みながら、女性の取締役の人数を増やしていこうという趣旨と思われます。

まさにダイバーシティ、男性や女性などの性別の違いだけではなく、人種、年齢、宗教の違いや働く人それぞれが持つ価値観が、組織の生産性や競争力を高める経営戦略につながっていくとの認知が広がっているようです。

一方、社外顧問は、**一事業の部門を対象とする場合がほとんどで、経営に関わるということはほとんどありません。**

社外取締役と違って、法律上で設置しなければならない役職ではありません。経営や方針に関する決定権もありません。責任範囲も小さいことで、気軽にアルバイト感覚で対応することが可能です。

社外顧問は、事業についてのアドバイスや、人脈の紹介などをします。

一番期待されるのは、人脈の紹介です。販路の拡大のためには、人脈の紹介が一番重要です。多くの人脈がある方であれば、その人脈の紹介だけでも顧問として働くことができます。まさにアルバイト感覚で人脈の紹介をするといった具合です。

人脈の紹介を続けていると、社内事情や営業の進め方等について、気づくことが出てくるでしょう。そういった場合は、ぜひ良い方向へもっていくようにアドバイスをすることをおすすめします。このようなアドバイスをすることにより、ただ単なる人材の紹介から、別の案件の依頼につながることになるからです。

あなたが、社内改革や営業戦略といった分野に長けた方であるならば、こういった分野における社外顧問としての活躍が期待されます。

「人材の穴埋め」「新規ビジネス対応」「売り上げアップ」が顧問を必要とする3大理由

顧問派遣会社の先駆けは、「顧問名鑑」です。

ホームページには、経営革新の新たな手法として「顧問」の活用を提唱したとされています。**上場企業の中核を担った取締役・部長経験者の知見と人脈を活用することによって、中堅・ベンチャー企業を支援しているとされています。**

中堅・ベンチャー企業の経営者が、上場企業ここでは自身の業態と関わりのある上場企業のＯＢに顧問になってもらい、その顧問の人脈、取引先や販売先を紹介してもらうということでしょうか。自身の得意とする分野には、精通しているものの、会社

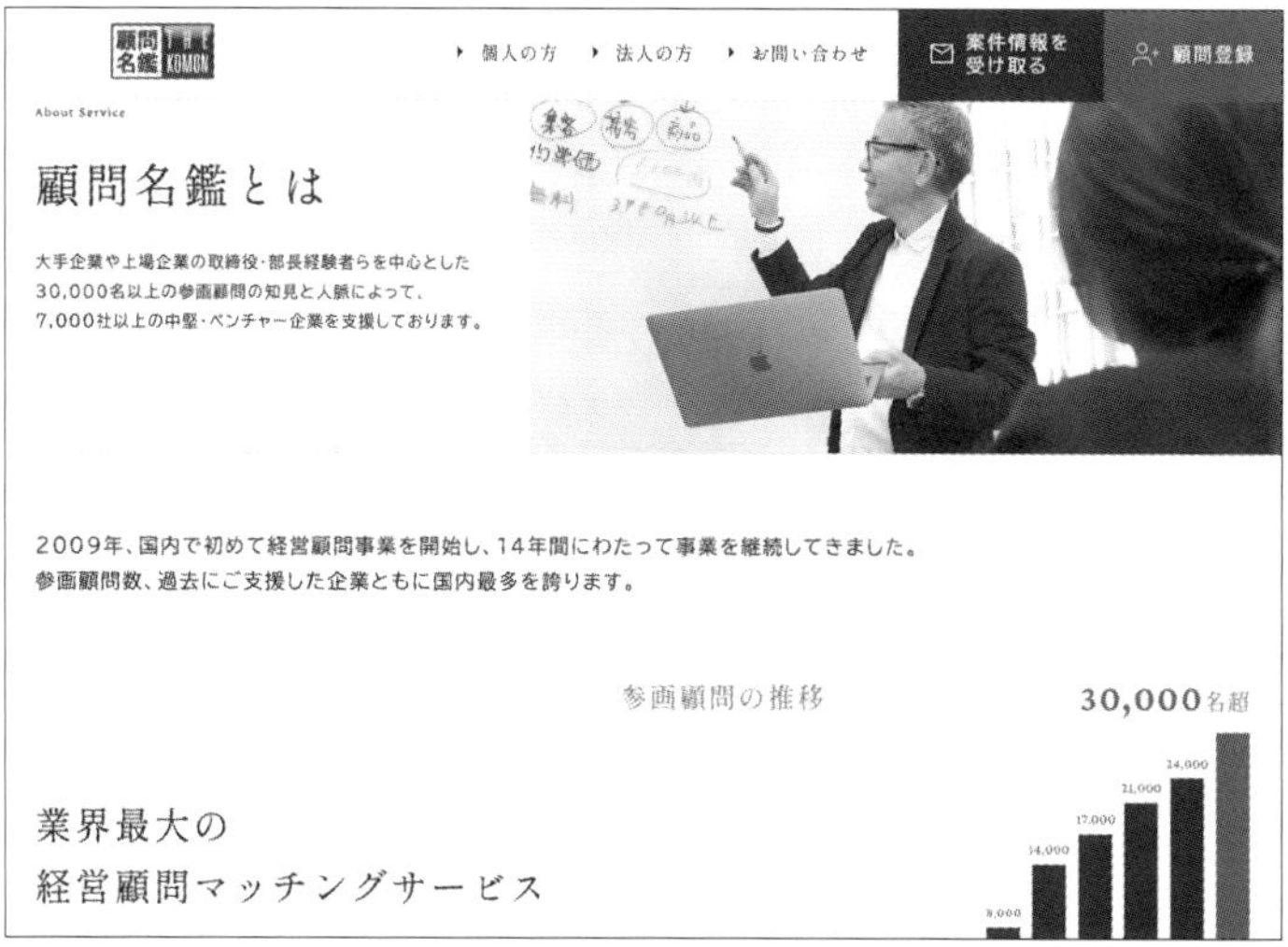

「顧問名鑑」URL：https://komon.co.jp/

全体の業態や人事等といった総合的なアドバイスを受けるためといったこともあるでしょう。私も顧問派遣会社への登録の際には、人脈に関する資料の提供を求められたこともあります。

現在は、それらに加えて、**「人材の穴埋め」「新規ビジネス対応」「売り上げアップ」**といった項目も顧問に求められるようになっています。

「人材の穴埋め」は、その名の通り、退職する社員の穴埋めです。どこの企業でも毎年多くの方が退職されます。いかなる分野においても同様です。企業は、同じような職歴であるものの、プラスアルファの能力を持つ方が必要になります。稀少性のある能力を持った方であれば、採用の機会が広がるでしょう。

「新規ビジネスへの対応」は、読んで字のごとくですが、いずれの企業でも対応する必要があるテーマです。しかし、経験者の採用や新人の採用まで考えるとなると、かなりの投資が必要となります。対応しなければならないのはわかっているけれど、今すぐに投資可能な予算は限られています。様子見のため、市場規模の把握や将来性を見極めるためにもなんらかの人材の確保は必要です。このような企業にとって、社外顧問の採用は検討の余地があります。市場が大きくなり、ビッグビジネスになることをいち早く見抜き、市場に参入できるからです。

「売り上げアップ」は、市場規模の大幅な拡大を見込めぬ状況の中、いずれの会社でも一番に求められている項目です。先ほど述べた人脈の紹介も当然含まれています。

また、「新規ビジネス」がうまくいった際にこの事業をいかに伸ばしていくかについても求められる事項です。必要とされているのは、マーケティングの考え方です。「新規ビジネス」を立ち上げる際にも必要ですが、それを販売する際にも必要ということです。マーケティングについては、それ専門のコンサルタント会社へ依頼することはままあることですが、新規となるとデータ等が十分に集まるかどうか不明です。最先端の情報等を入手できる人材等の探索も必要となってきます。そういった面での需要が生まれてくるものと思われます。

このように社外顧問のニーズは、初期の知見と紹介から、「人材の穴埋め」「新規ビジネス対応」「売り上げアップ」と大きく広がりつつあります。

社外顧問は、現役時代の経験をあらゆる企業の課題解決に活かせる

私自身が社外顧問を知ったのは、割と最近のことです。

２０２０年、名古屋地区に単身赴任中だった頃、人材紹介業者からＭ社の技術的アドバイスをする業務委託の話がありました。条件は、週2、３日の勤務で報酬は月額30万円とのことでした。当時の勤務先の給与は、30数万円で、勤務は、ほぼフルタイムの仕事でした。紹介された仕事は、勤務時間、報酬ともに魅力的でした。ほぼ同じ給料で、勤務日は、多くても３日でよかったからです。週３日働き、その他は今までできなかったことや、趣味に没頭することもできます。フルタイムの勤務では、少し体力的にもきついと感じていたところでしたので、こちらの方がいいかもと思いました。

しかし、勤務中の会社は、当時は名古屋地区でしたが、半年先には東京への移動も

予定されており、契約期間も残っていた状況にありました。

また業務委託先となる勤務地は静岡県の某市で、東京から通うとなると、当時の名古屋と比較した場合、交通的に不便な場所であったことも決断できなかった理由です。東京転勤の際は、給与も増加し、賞与も数か月分出ることが見込まれていたため、勤務日数よりも所得を優先し、その時はやむなく断りました。


お断りしたもう1つの理由は、業務委託の内容です。

委託内容は、過去に私が関わった業務と非常に内容が近いものでした。解決したい問題点に関しても非常に苦労したことを今でも覚えています。委託内容に関しても解決する方策はほぼ対応できると思いましたが、その方法でうまくいかなかった場合、次の方策を思いつきませんでした。踏み切れなかった理由には、このような一面がありました。

その時は、業務委託の話が社外顧問に相当することに気づきませんでしたが、あとあと考えてみるとこれが社外顧問の仕事かと気づいた次第です。

業務委託の話は、私の現役時代の経験を依頼先の企業の課題解決に活かせるということでしたが、あなたの苦労した経験も別の形で他の企業での課題解決に活かせるということを示唆しています。あなたの経験を活かして、課題の解決に苦労されている企業を助けてあげることができます。

あなたならではの経験を活かしながら、週5日でなく、週2、3日で、フルタイムに相当する報酬を得ることができるのが、社外顧問という働き方です。

しかし、定年後に社外顧問に応募しようと思っても、自分自身のプロフィールが世の中から求められているかどうかについては、わからないことが多いものです。

顧問派遣会社のホームページにある顧問案件を見ても、挙げられているテーマは、高尚なテーマや特別な能力を必要とされるものであったり、見ただけでは、これはと思って一歩ふみだせないものが多く掲載されています。

まずはスポットコンサルを行い、自分の経験にニーズがあるか確認する

最近、「スポットコンサル」という新しい仕事のプラットフォームを見かけるようになりました。スポットコンサルとは、文字通りスポット、ピンポイントの1つの場所といった意味合いで、数ある中でこの点という意味合いです。**スポットコンサルとは、いろいろなことを聞きたいけれど、とりあえずこの点だけはすぐに知りたい時に利用されるものです。**1回あたり1時間か、数時間のインタビューや打ち合わせで専門性を提供するもので、本業とシナジーのある分野で気軽に始められる副業として、注目を集めています。1時間あたりの報酬も5000円から数万円程度と割の良いアルバイトといった感じです。

主な会社は、ビザスク、アクシスコンサルティング、NewsPicks Expert、HiPro Direct、コンサルデータバンク、コンパスシェア、まるっとプラス、BIZ-directors、

GLGなど9社があります。

依頼企業もアドバイザーも気軽に依頼できることが特徴で、価格が安く、時間も短時間から依頼できます。依頼企業も個人ひとりに依頼するのではなく、複数人に依頼することで、多くの人から多様な意見を集めることができます。

知見のある人を集める手段は、大きく分けて2つあります。1つは、一般公募で具体的なテーマを挙げて、それに応募する形式です。もう1つは、関連がありそうな人をまずスタッフがピックアップして、個人を特定して集める方法です。

一般公募で具体的なテーマを挙げてそれに応募する形式では、数多くのテーマの中から、自分が対応可能な案件を探さなければなりません。ある程度は、分類されていることもありますが、探すには、多少の根気が必要となります。

依頼をすれば、多くの案件の中から経歴、経験と関連性の高い公募案件を紹介してもらうことも可能です。多くは、職歴に応じたテーマの紹介になりますので、いきなりあなたの職歴にあったずばりのテーマを紹介されることはありません。しかし、紹介される案件の内容は、現在最前線で必要とされているテーマが多く、具体的にどのようなテーマがあるのか、聞きたい内容を探ることができます。テーマの内容をみるだけでも大変参考になると思います。

ところで、このようなスポットコンサルに応募する際は、どのようなプロフィールを載せるのでしょうか。

前掲の9社のうち、ビザスクは、2013年にサービスインした日本のENS(Expert Network Service)、いわゆるマッチングサイトの先駆け的な存在で、会員数は10万人を超えています。

プロフィールの内容は、職務経歴の概要、職種、学歴、言語、資格、免許などの一般的な項目に加え、話せるトピックという項目があります。

話せるトピックのポイントは、いつ、どこで、どのような役職で、どのような経験

「ビザスク」URL：https://visasq.co.jp/

を持っているかがわかる内容を書き込みます。具体的には、こういう内容であれば、1つ話を聞いてみたいと思わせる内容にします。

公募案件には、どのような案件があるのでしょうか？　案件は、大きく分けて①専門的なアドバイス、②調査やインタビューなどに分けられます。

専門的なアドバイスの例としては、

①企業にて新規事業担当している方に地方創成企業誘致についてイン

タビューしたい

②フリーランスエンジニアから法人化して成功した人にインタビューしたい

③自社製造ラインにおける新規製品製造についてインタビューしたい

などがあります。

調査やインタビューでは、

①投資型フランチャイズについて基本的なことを相談したい

②社員のキャリアマップを作成している方にインタビューしたい

③シフト管理サービスについて知見のある方

④大企業における女性活躍推進の取り組みについて

などがあります。

スポットコンサルであっても、1回だけのコンサルでは終わらずに長期的なコンサルに発展することもあるようです。スポットコンサルで複数人のインタビューをした中から、当該企業の目論見に見合う相手先を見つけて、別途契約に至る場合もあります。解決に時間を要するテーマであれば、長期的なコンサル契約になる場合もありますので、コンサル内容についても適切に対応していくことが必要となります。

スポットコンサルについては、コンサルに至る前に事前アンケートといった形で案件そのものが、あなたの経歴や経験に沿ったものであるかどうかを確認することがあります。提示されている内容や報酬に応じてあなたがそれだけのノウハウや経験を持っているかを事前に確認するものです。あなたが、そういったノウハウを持っていれば、応募すれば良いし、なければ他の案件を待つといった姿勢がいいでしょう。自信やノウハウがないのにとりあえず応募といったことは控えておく方が賢明です。あなたが自信をもって、答えることができる案件は必ず現れますので、その時を待ちましょう。

スポットコンサルの利用法は、このように短期で終わるものを数多くこなすといったことと、長期的なコンサルにつながる案件を探すといった2つの方法があります。

短期的なコンサルをいくつかこなしたあとに、いずれかの方法を考えても良いのではないかと思います。

顧問という肩書は、精神的、世間的、金銭的な満足を手にすることができる

私が社外顧問を始めたことで、周囲の私に対する見方が変わってきたように思います。「顧問の働き方は年齢からすると最高の職業だ」とか「定年がなく、場合によっては長く勤められていいね」とか「昔苦労したことが役立っているのね」とか、さまざまな言葉を投げかけられるようになり、まんざらでもない心境にあります。このような言葉は、他のいかなる仕事をしていたとしても、まず出てはこないでしょう。ニュアンス的には、企業の会長、社長、役付き取締役（専務や常務など）、取締役などを退任した人との位置づけといえます。

社外顧問としての出社は、週1、２日という例が多いでしょう。

周りから見ると、フルタイムの出勤ではないため、ただのパートタイマーではないか、と思われることもないわけではありませんが、「社外顧問として、働いている」と説明すると、見方がガラッと変わってきます。つまり、「定年後フルタイムで働けなくなったから、週3日働いている」と見られていたものが、「社外顧問」として働いていると説明すると、「当然」という見方に変わるようです。

具体的に「社外顧問」になる方法や待遇面などに関して質問されることも増えました。わかる範囲内で答えていますが、「社外顧問」という仕事に興味を抱いている人が少なくないこともわかりました。

顧問の仕事を続けているとわかることですが、企業側からの期待は想像以上に大きく、仕事はやりがいがあり、精神的には、非常に高ぶり、ハイな状況になります。世間的にも羨望とまではいきませんが、いつかはやってみたい、できることならやってみたいという仕事の1つでしょう。さらに金銭的にも満足できる報酬も得ることができます。シニアにとって、最高の仕事といっても過言ではないと思います。

社外顧問の最大の魅力は、**わずかな時間で高額の報酬が得られる点です。**社外顧問は、専門的な知識やノウハウをもって、高度なサービスを提供することを目的としていますので、報酬も高額となります。

今現在、私が週1回、1時間半、顧問として仕事をしていることは前に説明しました。この仕事で私が得ている顧問料は月10万円です。これが高いか安いかは一概にはいえないと思いますが、実働時間を考えると安くはないでしょう。現在、できればもう一社、顧問先を増やしたいと考えていますが、もしそれができれば年金を含めて、経済的にはかなり余裕が持てるでしょう。余裕というのは、固定的な生活維持費をまかない、その上で旅行であるとか、私生活での楽しみにお金を使うことができる、ということです。

社外顧問を開始した当初は、欲張らずに1社勤務にしておくことをおすすめします。半年ほど経過すれば、ペースもつかむことができますので、もう1社増やしてもいいかもしれません。週1日勤務が一般的ですが、「週2回」や「月2回」など企業によって希望日数が異なりますので、あなたの生活リズムに合わせて2社目の顧問先を選ぶといいでしょう。

顧問契約の期間は、半年か1年がほとんどで、状況によって自動更新となります。契約先でのプロジェクトの進捗状況や達成度などを考慮しながら、こちらから頻度や契約期間に関しても提案することも可能です。

本章の最後に、私の現在の典型的な一週間のあり方をご紹介します。毎週月曜日は午後1時間半の顧問業で出勤します。火曜か水曜は図書館に行って、翌週のための下調べをすることが多いです。あとはだいたい自宅にいます。プールに行って泳いだり、本を読んだり、あるいは映画を見に行ったり、というように丸一日ヒマ、ということはあまりありません。あとは、買い物で妻に付き合わされる、ということもしばしばあります。

一週間のうち、土曜と日曜は孫の子守です。娘家族と同居しているのですが、孫は

顧問先1社の場合のスケジュール表

曜日	時間	タスク／イベント	詳細／備考
月	1.5	顧問業	技術的アドバイス
火	2～3	最新技術の調査	国会図書館・ウェブ閲覧
水	2～3	最新技術の調査	国会図書館・ウェブ閲覧
木	3	趣　味	
金	5～6	趣　味	
土	1日	孫と遊ぶ	
日			

3歳の男の子です。要するに、土日はおじいさん、おばあさんとして過ごすわけです。

顧問の仕事のもう1つの利点は、ここにあります。月曜から金曜まで働いて、土日に孫の面倒を見るというのは、現実的には無理だと思うからです。

「ワシ族」という言葉があります。定年後に働かず暇を持て余して、奥さんが買い物に行くというと「ワシも行く」とくっついていく人のことを称するものです。顧問のおかげで私はそういう悲しい老後にはなっていません。このような働き方をすることを家内も喜んでいるようですし、何より私自身がプライドを保てています。

なんらかのノウハウを持っている人は、他の人に教えた方がいい、と私は思います。企業に限らず、いろいろなところでベテランが少なくなってきている今、たとえ週1回であっても時間を使って教えてあげれば、解決する問題も世の中に山のようにあるのではないでしょうか。その意味で、私は顧問という働き方を多くの方に知ってほしいと思います。

顧問になるための第一歩は、顧問派遣会社に登録すること。第2章では、そのことについて詳しく説明することにします。

第2章

自分に合う顧問派遣会社を探し、登録する

第1章では、早期退職・定年後には、社外顧問という選択肢があることをお伝えしました。「自分も顧問になってみたい」と思われた方もいるでしょう。ただ、どのようなプロセスで顧問になれるのか、わからないはず。「顧問派遣会社」なるものも正体不明な感じです。本章では、具体的なアクションの第一歩として、顧問派遣会社を探し、そこにどのようにアプローチをすればいいかを説明していきます。

自分に合った顧問派遣会社の探し方

数ある顧問派遣会社の中で一番歴史があり、登録者が多いのは株式会社顧問名鑑です。会社設立は２００９年。これまでに3万人を超える顧問を企業にマッチングさせてきた実績があります。

ホームページを見ると、登録者の例として、銀行、証券会社、保険会社、自動車会社、電気、電子部品、精密機械、半導体、化学、医薬品、化粧品、食品などといった日本の名だたる大企業の役員等が紹介されています。

これを見ると、登録すべきかどうか、戸惑われる方もいるでしょう。

一方、これら記載の会社に勤められている方の場合は、選択肢の1つになるかもしれません。

しかし最近は、顧問派遣会社も増加し、それぞれの会社が特徴を持った展開をしています。

ちなみに、「おすすめの顧問派遣会社」と入力して、ネットで探してみますと、実にさまざまな顧問派遣会社があることがわかります。

これらの顧問派遣会社の内容を比較検討してみることをおすすめします。

現在公開されている顧問派遣会社の名称、特徴、登録者数、得意分野を次ページの図1に示します。

図1

社名	特徴	登録者数	得意領域
顧問名鑑	上場企業役員、部長クラス	30,000人以上	事業拡大支援
顧問バンク	中間マージンゼロ	9,000人以上	営業戦略、Web、IT支援
HiPro Biz	人材派遣のパーソルが運営	22,630人以上	経営案件、生産、技術支援
JOB HUB顧問コンサルティング	パソナグループのネットワーク	6,000人以上	営業・マーケティング支援
マイナビ顧問	マイナビのネットワーク活かせる	非公開	販路開拓、経営支援、財務支援
テスコ顧問サービス	東京エグゼクティブ・サーチが運営	22,000人以上	会社が求める人材をサーチ
PRODOR	東京海上グループ	非公開	資金調達・運用などの財務支援
プロフェッショナル人材バンク	東証プライムのエスプールが運営	13,000人以上	海外進出、事業拡大
グローバル顧問	海外事業関連	5,000人	海外展開、海外企業の日本支援
サンカク	リクルートが運営	非公開	副業支援
ケイソー	税務関連に強い	非公開	経営相談

2024年1月時点

顧問派遣会社の選択は、フローチャートで見つけよう

顧問派遣会社は20社以上あり、それぞれ特徴があるため、どの会社を選べばいいか、大いに迷うことになるでしょう。

顧問派遣会社は、その成り立ちから対象としている分野が異なっており、できれば自分の職歴を活かすことができる会社を選択したいものです。

図2は、自分の職歴に合った顧問派遣会社を選ぶためのフローチャートです。あなたの現在の会社の立場から、顧問派遣会社を選択できるようになっています。

まず、**最初の選択は、あなたが会社の経営者であるか否かです。**

さらに経営者であっても上場企業か中堅・ベンチャー企業かによって選択は異なります。

あなたが上場企業の経営者であれば、「**顧問名鑑**」か「**顧問バンク**」が最適です。

中堅・ベンチャー企業の経営者であれば、**「顧問ネット」**か**「HiPro Biz」**がいいでしょう。

この相違は、「顧問名鑑」の登録者に上場企業の役員クラスが多いことと、そこから人材を求める企業に中堅・ベンチャー企業が多いことによります。

実際、私が登録した「HiPro Biz」は支援内容が経営全般や技術革新に関するテーマが多く、中堅企業・ベンチャー企業の経営者が求められます。

このように、顧問派遣会社の成り立ちの経緯から、集まる人材の職種や求める企業に関しても、それぞれ特徴があります。

フローチャートに戻ります。

あなたが会社の経営者ではない場合、**社内での役職によって、最適な顧問派遣会社は異なります。**「営業職」「総務・人事職」「財務、経理職」「生産・技術職」「IT・WEB関連職」「海外事業経験者」など、選択肢は多岐にわたります。ここでの選択はより重要です。

あなたが「営業職」であれば、「顧問名鑑」や「JOB HUB顧問コンサルティング」がおすすめです。「顧問名鑑」は、顧客開拓・紹介・営業体制の見直しなどの営業を支援します。「JOB HUB顧問コンサルティング」は、営業戦略立案から具体的に営業支援も行います。

「総務・人事職」であれば、「マイナビ顧問」や「サンカク」がおすすめです。「マイナビ顧問」は、経営課題の解決や販路開拓、財務支援など多種多様な課題に対応しています。「サンカク」は、企業の課題解決や対外的な支援などを多く対応しています。

「財務、経理職」なのであれば、「PRODOR」「ケイソー」がおすすめです。「PRODOR」は、東京海上グループが提供するサービスで、資金調達・運用など財務・経理全般の業務を支援しています。

「ケイソー」は、税務関連に強く、経営相談などに対応しています。

「生産・技術職」のあなたには、「HiPro Biz」や「顧問名鑑」がおすすめです。

「HiPro Biz」は、メーカーやサービス関連の人材が多く、支援内容も生産に関する案件が多くなっています。

「IT・WEB関係者」のあなたには、「JOB HUB顧問コンサルティング」や「顧問バンク」がおすすめです。このところニーズが高まっている営業戦略支援から、WEBマーケティング、AI活用支援といった新規事業開発支援などが増えてきています。

「海外事業経験者」であるならば、「グローバル顧問」「プロフェッショナル人材バンク」がおすすめです。「グローバル顧問」は、8割以上が海外事業関連です。メーカー出身者も多数。国内サービス業系企業の海外展開支援が主体ですが、海外企業の日本進出支援も手がけています。「プロフェッショナル人材バンク」は、ヨーロッパや東南アジアなどへの海外進出や事業拡大の実績があります。

このように顧問派遣会社はそれぞれの特色があり、強みが違っていますから、適切な選択が、社外顧問としての仕事につながります。

図2

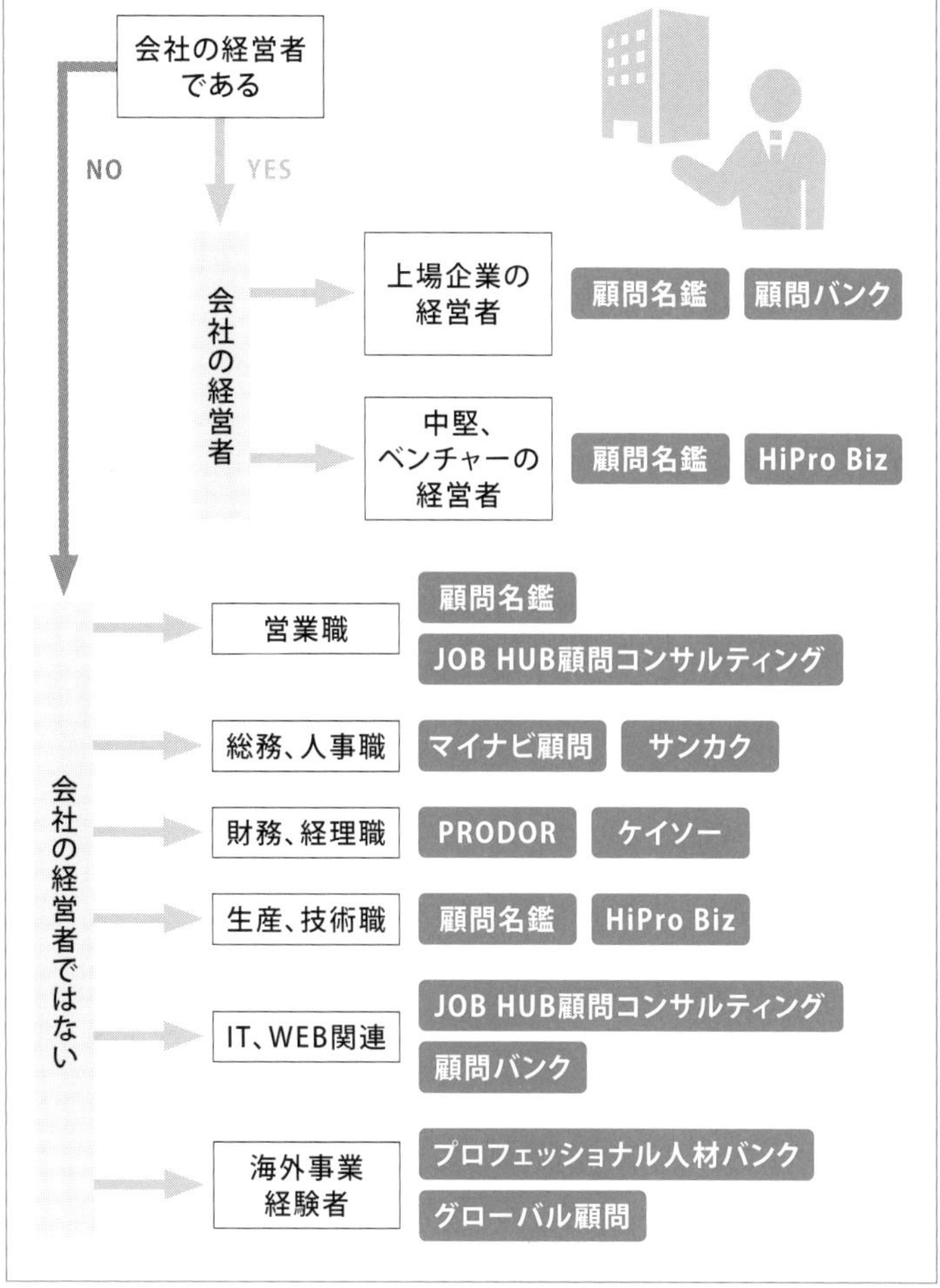

「職歴」にあった顧問派遣会社を選ぶ「フローチャート」

顧問派遣会社は、あなたの登録を待っている

社外顧問について知り、顧問派遣会社に登録することを考え始めた読者の皆さんは、もしかすると登録に当たって、気後れするような気持ちになっていないでしょうか？

「アルバイト感覚での勤務が可能といっても、ある程度の学歴は必要なんだろうな」。そんなことを考えているかもしれません。

心配はありません。顧問派遣会社は、そういうあなたの登録を待っています。

30年を超える会社勤めをしてきたあなたの職歴は、現在のあなたの職場の立ち位置がしっかりしている証拠で、立派なものです。

その経験こそ価値があるのであり、派遣を求める企業はそこに着目します。

50歳を過ぎたら学歴に左右されることは、ほとんどありません。

他にも心配はあるかもしれません。

「同じ仕事ばかりやってきたので、他の経験の有無を聞かれたらどうしよう？」

同じ仕事を長く経験された人のスキルは、非常に貴重なものです。

専門性を活かしたい、というのが派遣を求める企業の思いですから、他の経歴がないことが採否を分けることは、ほとんどないでしょう。


「転職回数が多いから、1つのことが長続きしない人間と思われるかも」

転職が一般的になった現在、転職回数が多いことは、必ずしもマイナスではありません。1つの会社に長続きしないというマイナス面よりも、異なる業種の経験があるというとらえ方をされ、ある意味では対応職種が広くなる可能性があります。


「転職時にけんかをしてやめた会社があったなあ。探りを入れられたら、いやだなあ」

たとえそんな過去があったとしても、あなたやその会社の人以外は、その事実を知りません。まして、顧問派遣会社がその会社に問い合わせることはありません。**転職したのは、自分自身のレベルアップを図るため、と答えておけば十分です。**

「定年前に応募したら、現在の会社で不遇をかこっていると思われるかも」

定年前の応募についても、サービス会社がそこまで勘ぐることはありません。**定年後に応募するよりも、定年後の将来を早くから想定して応募したといえば、顧問派遣会社の評価も上がるかもしれません。**

このように、あなたが気後れしていることは、見方を変えれば印象が変わる場合もあります。マイナス面をプラスに変えるような意識で、自信を持って説明をすれば、顧問派遣会社の評価も高くなるかもしれません。

顧問派遣会社の数は増えていますから、一人でも多くの応募者を集めたいというのが本音です。躊躇せずすぐに登録しましょう。

自分に合わない顧問派遣会社の場合は再度別の顧問派遣会社に登録しよう

「フローチャート」を参考にしながら、おおよそどの顧問派遣会社があなたに合っているか、目星がついたでしょうか。

ここでは、さらに各顧問派遣会社の登録方法を説明しながら、それぞれの特徴を挙げていきます。

顧問名鑑は、名前、生年月日、現住所、直通電話、メールアドレスといった事項は普通と同じですが、職歴は入社順に記載ということでした。ご入社順、ご出身企業名、部署・お役職名、在籍期間 およそ○年間 という具合です。

次に、得意分野をチェックしますが、複数選択するようになっています。

さらに、保有資格というものがあります。その後は活動頻度を記載する項目がありまして、非常勤、半常勤、常勤を選択するようになっています。

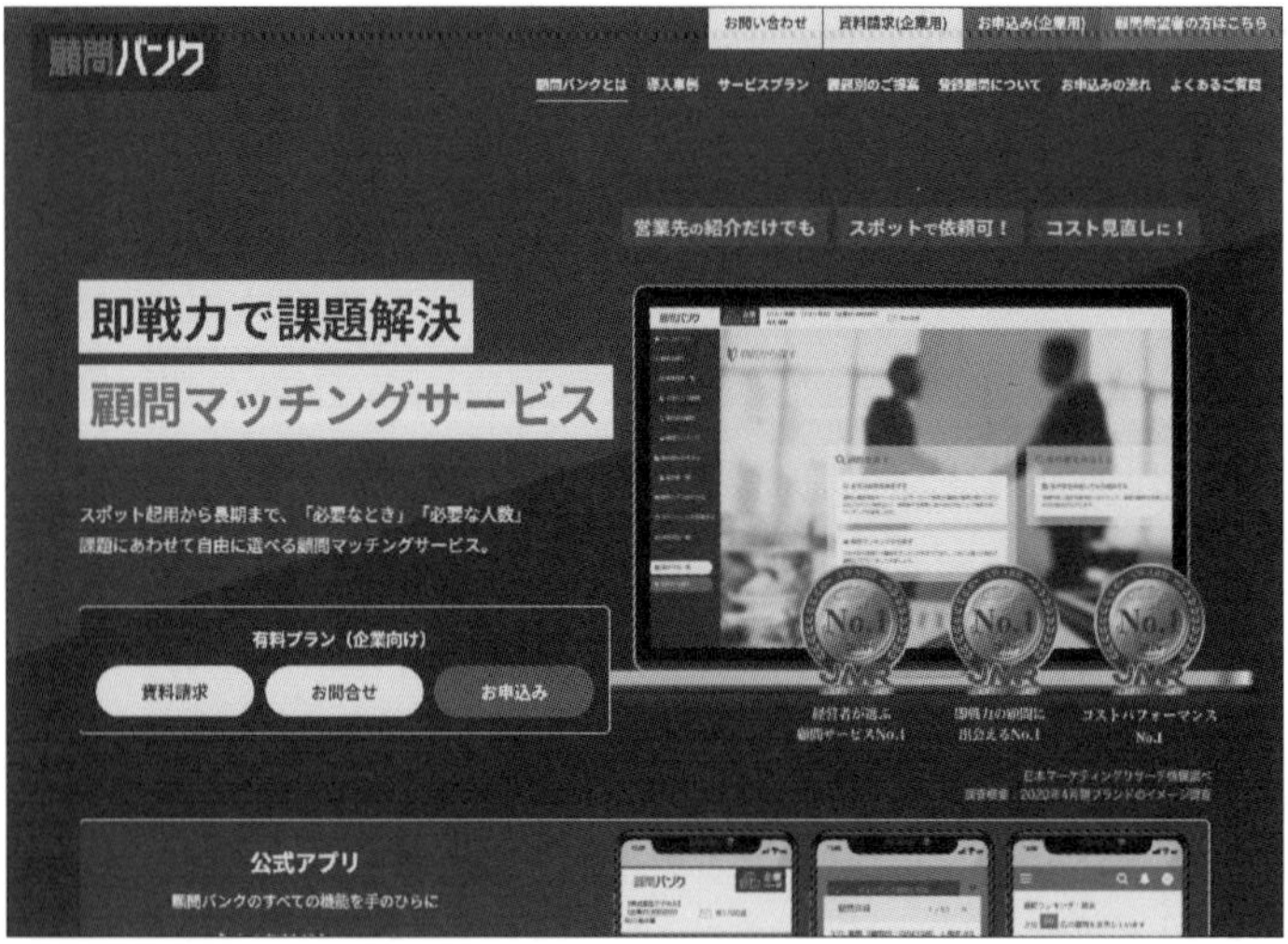

「顧問バンク」URL：https://common-bank.com/

他と違うのは職務経歴や履歴書という掲載がないことです。ご自身の職歴に自信がある方であれば、顧問名鑑が、おすすめです。

顧問バンクは、スポット起用から長期まで「必要な時」「必要な人数」を課題に合わせて、自由に選べる顧問マッチングサービスです。

経営者が選ぶ顧問サービスNo.1、即戦力の顧問に出会えるNo.1、コストパフォーマンスNo.1をうたっています。コストパフォーマンスNo.1の理由は中間マージン0円で、企業からの報酬は100%顧問に支払われるからです。このようなことが、採用する側も採用される側にも一番の利点といえます。

顧問バンクの登録での一番のポイントは、**アピールポイントを200文字以上400文字以内で入力するということです**。検索されやすいキーワードに合致する職業であれば、マッチしやすいサービス会社といえます。

最後に、既存顧問先の記載があります。「現在顧問として活動されている場合は、入力をお願いいたします」と書いてあるように、要は競合企業先でないか確認をするということのようです。

マイナビ顧問は、高度な経営ノウハウや豊富な人脈を持つ課題解決のプロフェッショナルと経営課題を抱える企業とのマッチングサービス、とうたっています。

プロフィール、得意分野などの入力により、登録はされますが、登録後にメールで履歴書、職務経歴書、顧問カルテの提出が求められます。顧問カルテとはあまりなじみのない言葉ですが、マイナビ顧問独自のもので、職務経歴書をさらに要約したものです。

HiPro Bizは、転職紹介サイトで有名なパーソルが運営している顧問紹介サービスです。登録の際には、「あなたの強みを入力ください（任意）」という欄があり、５００文字以内で記載することが特徴です。実績・専門領域のスキルを含めた強みを入力してください、ということなので、経験とスキルに自信がある方は向いていると思います。

JOB HUB顧問コンサルティングは、大手派遣会社の㈱パソナグループの関連会社です。経歴の入力の項目で代表的な経歴、社名、最高役職の記載があります。経歴概要は５００文字以内で記入します。希望分野を３つ選択することができます。

JOB HUB顧問コンサルティングは、毎週月曜日に顧問案件のご案内というメールが来ます。案件ナンバー、エリア、従業員、売上高、事業内容、案件の背景や事業内容、求める人物像、業務形態、活動頻度、活動期間、顧問料金などが記載されています。

顧問案件は、自分自身で探し出したいという方には、向いているといえます。

プロフェッショナル人材バンクは、最初にパスワード、氏名、携帯電話、自宅電話、得意ジャンルは何ですか？の項目に答え、プライバシーポリシーのチェックを行うと顧問仮登録になります。その後、顧問登録の画面からマイページにログインをすると、詳細なプロフィールの入力、得意な業務分野の登録経歴の登録に移ります。はじめの顧問登録までのステップが短いことが特徴といえるでしょう。

このように、顧問派遣会社ごとに実績、成果の内容は異なっており、応募者に関しても、見えないところで、選別できるようになっているようです。

登録してみて、自分には合わないようだと感じたら、再度、別の顧問派遣会社に登録されることをおすすめします。あなたが合わないようだと感じている会社は、その会社もあなたのことを合わないと感じている可能性があります。

自分に合っていると感じる顧問派遣会社に登録することが、あなたに仕事が舞い込むことにつながるのです。

自分で顧問先を見つける方法

ここまで、顧問派遣会社に登録して、顧問になる方法を書いてきましたが、**顧問派遣会社に登録しなくても顧問先を見つける方法は、いくつかあります。**

長年勤務した企業を退職する際には、多くの方が退職の挨拶状を出されます。在職時にお世話になった方や取引先、大きな会社であれば、以前働いていた職場などに出されることが多いと思います。

この時、**自分自身が顧問として採用してくれる可能性がある企業には、なるべく出すようにしましょう。**

私もある企業に在職していた際に、同業種の方から、退職の挨拶状をいただいたことがあります。業界の集まりや会合などで何度もお目にかかったことのある方でした。同業ではあるものの、少し変わった経歴を持った方でしたので、私の会社に来てもらえれば、変わったアプローチもできるのではないかと考えました。

上司に相談したところ、相手先に支障がなければＯＫとのことでした。

メール等がまだ一般的でない時代でしたので、手紙にて応諾の確認を取ったところ、「まずお会いして話を聞きたい」との返事がきたため、面談の約束を取り付けました。転勤を伴うものでありましたが、なんとか了承を得ることができました。

相手先の企業様にも了解をいただくために、人事のトップの方にも話をしました。人事のトップの方からは、「よろしくお願いします」と歓迎の言葉をいただいたことを今でも覚えています。

このような場合の報酬についてですが、私は、その方の当時の年収を参考にしました。実際の報酬は、単身赴任を伴うものの、単身赴任等の手当を含めて当時の年収に合わせたと記憶しております。ご本人も非常に喜んでおられました。

もう1つの実例ですが、これは挨拶状ではなく、**実際にお世話になった会社に直接、挨拶回りをされた例です**。このような場合、挨拶回りをされる範囲は、自宅からそれほど遠くはない範囲に限る場合が多いと思います。

その方は、手近なところはもちろん回られたのですが、少し遠方の大変お世話になった会社にも行かれたそうです。

先方は、遠くから来られたことで、大変恩義を感じて、不定期ながら、顧問として採用されたということです。この例などを見ても**会社退職時の挨拶状や挨拶回りがいかに重要であるかがわかります**。

挨拶状を出す際は、必ず自筆で添え状を入れるようにしましょう。できれば、相手先で起きた出来事や、事例などをさりげなく入れてみましょう。その内容に相手が親近感を抱いてくれれば、いい展開につながるかもしれません。

「てんこ盛りプロフィール」を作成して顧問派遣会社に登録する

次に、顧問派遣会社に登録する際の手順と注意点について説明しましょう。

「てんこ盛りプロフィール」とは私が考えた造語ですが、書くべきことがたくさんあって、書ききれない様子をイメージしています。

なぜ「てんこ盛り」を推奨するかというと、履歴書や職務経歴書などで自分自身を表現する際に控えめな表現にしがちで、第三者に自分自身を十分に伝えきれていない方が多いからです。

控えめであることが奥ゆかしく上品な人柄と映ることはないとはいえませんが、こと就・転職については効果的ではありません。

不採用になってから、「もう一言付け加えておけばよかった」「こういった資格を載せていれば、間違いなく採用されたのに」とおっしゃる方は少なくありません。私自身にも、そういう経験があります。

実際に「てんこ盛りプロフィール」をどのように書くかを説明する前に、そもそも「プロフィール」とは何かを考えてみましょう。

プロフィールは、「横顔から見た時の顔の輪郭。横顔。または、横顔を描いた肖像画や横顔を撮影した写真」が語源ですが、一般的には人物評です。

書籍では、著者について説明するのに、100字程度の紹介文を「プロフィール」として掲載します。

一方、企業に応募する際は、履歴

書と職務経歴書が「プロフィール」になります。

履歴書と職務経歴書は、企業に応募する際に準備する文書であり、添え状とともに応募書類3点セットと呼ばれています。

添え状というのは、企業に履歴書や職務経歴書などの応募書類を送る時に、同封する挨拶状です。

転職活動では、採用担当者が最初に目にする文書であり、自分を印象付けるツールになります。添え状についても書き方があり、注意点などマイナスの印象を与える表現については、気をつける必要があります。たくさんの応募者がある会社などでは、添え状の良し悪しが、採用の可否を決めるケースとなる場合もあります。

履歴書と職務経歴書は、年代によって、重視するプロフィールが異なります。20代、30代といった若手を採用する場合は、**履歴書**に重点が置かれます。なぜなら、若い方は職務経歴がそれほど多くないからで、むしろこれまでの履歴が将来活かされるかどうか、伸びしろがあるかがポイントとなるからです。

40代以降の中高年の年齢になると、履歴書よりも**職務経歴書**が重視されます。中高年の場合は、職務経歴が実務にすぐに結びつくかどうかを見極めるからです。

顧問の場合、履歴書、職務経歴書に加えて、自己ＰＲ文が必要となります。豊富な職務経歴書に加えて、その中で特に自分の得意とする分野を示すのが、自己ＰＲ文です。前に述べた**HiPro Biz**の登録の際に書く「あなたの強みを入力ください」は、まさに自己ＰＲ文に相当します。

履歴書や職務経歴書などの書き方については類書がたくさんありますが、ここでは、自己ＰＲ文も含めて、これらの文書をてんこ盛りにするノウハウを公開していきます。

履歴書は手書きとデジタル写真で印象を高める

履歴書は、氏名、生年月日、住所、連絡先の電話番号、携帯電話番号、学歴、職歴などで、学歴・職歴は何年 何月 と記します。免許資格、志望の動機、特技、好きな学科、自己ＰＲなど、最寄り駅、扶養家族、配偶者、配偶者の扶養義務、その他本人希望記入欄として、特に給料、職種、勤務時間、勤務地、その他についての希望などがあれば記入、といった形式が一般的です。

これまで、履歴書は手書きが通常でしたが、最近はワード等のパソコンによる入力が普通となってきました。これは応募書類が、インターネットを通したＷＥＢでの登録が主流になってきたためです。このような状況下で、手書きによる履歴書の提出は可能なのでしょうか？

採用担当者の意見としては、履歴書はどちらともいえない、どちらでもかまわない、という意見が一番多いようです。

年	月	学歴・職歴（各別にまとめて書く）
2018	01	株式会社ラルス　退職
2018	03	株式会社テクノプロ・コンストラクション　入社
2020	06	株式会社テクノプロ・コンストラクション　退職
2020	07	株式会社トクオ　入社（株式会社テクノプロ・コンストラクションの関連会社）
2021	10	株式会社トクオ　退職

年	月	免許・資格
1976	6	普通自動車免許
1982	9	甲種危険物取扱者
1999	6	日本商工会議所　簿記検定３級
2000	3	コンクリート技士
2000	4	特定化学物質等作業主任者
2002	3	コンクリート診断士

志望の動機、特技、好きな学科、自己ＰＲなど	最寄駅 駅	
	扶養家族(配偶者を除く) １人	
	配偶者 ㊒・無	配偶者の扶養義務 ㊒・無

本人希望記入欄（特に給料、職種、勤務時間、勤務地、その他についての希望などがあれば記入）

履歴書

○○○○年○月○日現在

フリガナ　イワサキ　カズオ 氏名 岩﨑　和郎　㊞	
1955年　9月　24日生（満67歳）	男
フリガナ 現住所　〒	電話　××××-×××× FAX　××××-××××
フリガナ 連絡先　〒　－　（現住所以外に連絡を希望する場合のみ記入） 方	電話 FAX

年	月	学歴・職歴（各別にまとめて書く）
		学歴
1974	03	東京都立小山台高等学校　卒業
1975	04	国立岡山大学工学部工業化学科　入学
1979	03	国立岡山大学工学部工業化学科　卒業
1979	04	国立岡山大学大学院工学研究科工業化学専攻　入学
1981	03	国立岡山大学大学院工学研究科工業化学専攻　修了
		職歴
1981	04	小野田セメント株式会社　入社
1988	02	一身上の都合により、退職
1988	03	恒和化学工業株式会社　入社
1999	03	一身上の都合により、退職
1999	05	株式会社コンステック　入社
2002	12	一身上の都合により、退職
2003	01	昭和鉱業株式会社　入社
2016	08	昭和KDE株式会社　定年退職
2016	09	株式会社ラルス　入社（昭和KDE株式会社の紹介による）

記入上の注意　1.鉛筆以外の黒または青の筆記具で記入。　2.数字はアラビア数字で、文字は崩さず正確に書く。

つまり履歴書の作成方法自体が、選考結果を左右されることはほぼないということです。

手書きの場合のメリットはどういったものがあるのでしょうか？

アピール力は強いといえますが、手間と時間はかかります。

パソコン作成の履歴書は、効率的ですけれども、ミス等の問題は生じます。

よって、顧問の場合は、**作成に時間が取れる人であれば手書きをおすすめします。文字の美しさに自信がある人もおすすめです。**ネットでの応募が基本の会社は、手書きの履歴書の送付の是非を事前に確認するようにしましょう。

次に学歴と職歴ですが、**学歴については大学の入学卒業だけではなく、高校の卒業から記載した方がいいでしょう。**職歴は、複数の会社に在籍したことがあるなら、すべて記載するようにします。

子会社への出向や関連会社への転籍などといったことも詳細に記載しておいた方がいいでしょう。複数社の職歴がある場合、退職の理由は一般的には「一身上の都合により退職」とします。理由を書きたくない場合には、ただ退職と記します。**免許資格についてては、公的な資格だけではなく、社内資格や民間資格も記入しましょう**。取得の年月もできれば記載をしておいた方がいいと思います。

最後に、志望の動機、特技、好きな学科、自己PRなどは、特に書きたい項目だけ記すようにします。最寄り駅、扶養家族、配偶者の有無、扶養義務などは該当する項目を記載します。本人希望記入欄には給料、職種、勤務時間、勤務地、その他について、希望などがあれば記入します。

履歴書には写真を添付する欄がありますが、写真はその人の第一印象ですので、できればスピード写真などではなく、**写真館などの専門業者に行って撮影することをおすすめします**。最近は、ほとんどがデジタルカメラによる撮影ですので、一度撮影しておけば何回でもデータを利用することができます。

デジタル写真の良いところは、細かい修正が可能なことです。大幅な修正は問題がありますが、わずかに修正するだけで、イメージがガラッと変わることがあります。

実際は面談にしろ、ＷＥＢ面談にしろ、本人とは直接面接することになりますので、多少の修正は問題にはならないでしょう。

ところで、「メラビアンの法則」は、ご存じでしょうか。米国の心理学者であるメラビアンが導き出したもので、「7－38－55のルール」とも呼ばれる「3Ｖの法則」です。

・表情や視線など見た目やしぐさによる「視覚情報（Visual）」が人に与える影響は55％
・声の大きさや話すスピードなどの「聴覚情報（Vocal）」は38％
・会話そのものの内容である「言語情報（Verbal）」は7％

つまり、人に与える影響として、**視覚情報**がいかに重要であるかを示しています。

顧問の場合は、年齢もある程度高齢となりますので、見た目を印象付けるのが大き

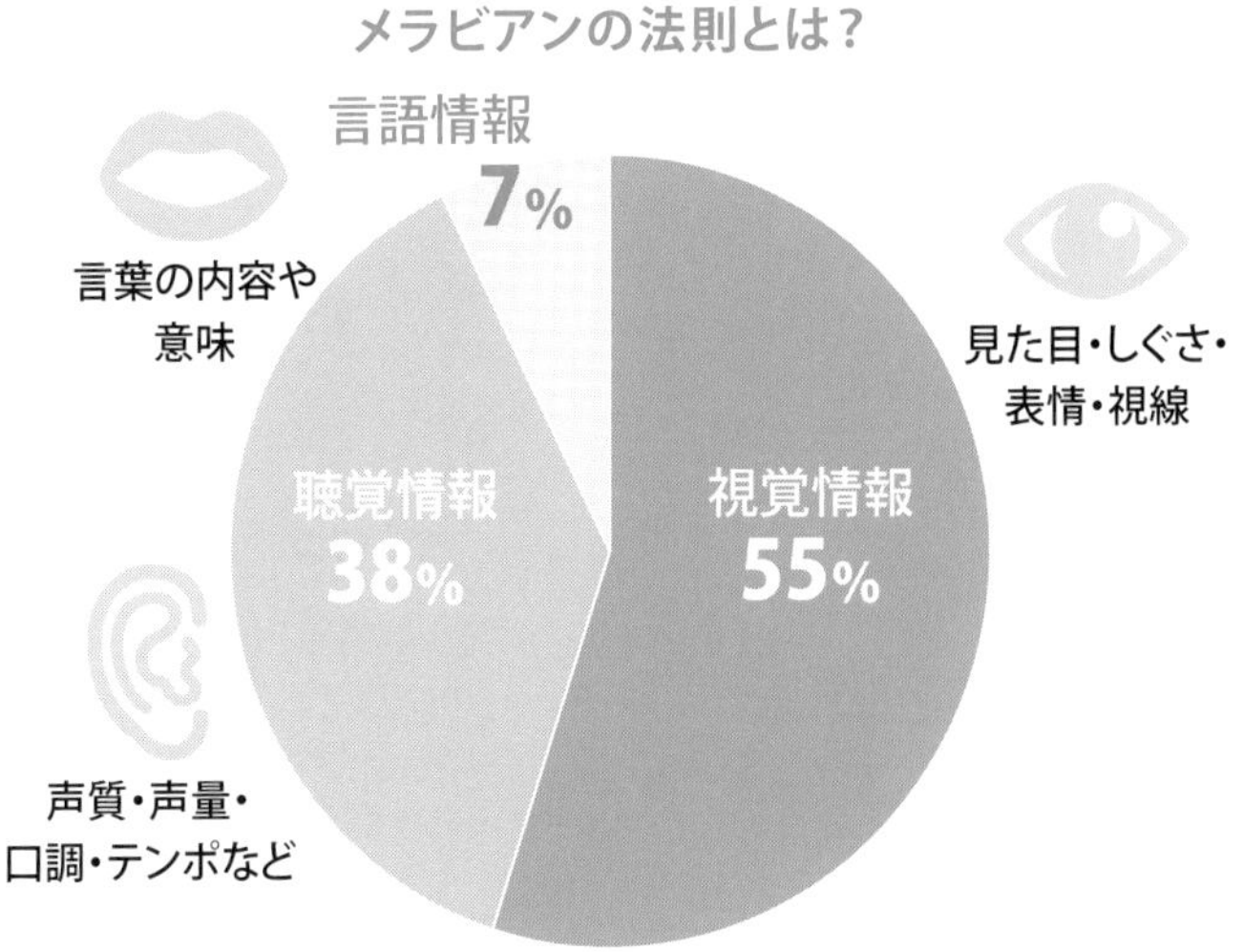

なポイントとなります。

笑顔が一番ですので、自分では「笑い過ぎでは？」と思うくらいがちょうど良いです。ですから、リラックスして余裕をもって撮影に臨みましょう。写真の第一印象と、本人が多少異なっていても、大きな問題とはなりませんので、ぜひ良い印象を与えるような写真を準備しておきたいものです。コストは、少しかかりますが、写真1枚で、相手の印象が変わることを考えれば、十分に採算はとれます。

履歴書は、誰もが同じように書いているように見えますが、工夫を加えている人は、人が気づかないところで差異を明らかにしているのです。

「てんこ盛り職務経歴書」を作成する前に「自分史」を作ってみる

職務経歴書は、略歴、主な経験業務、職務経歴、達成事項、表彰、資格などを記載します。

しかし、職務経歴書をいきなり書こうと思っても、それほど簡単なことではありません。職務経歴書の書式に沿って書く前に、あなた自身の**「人生の棚卸し」をすることが必要です**。というのも、職務経歴書に書く内容は、大学や大学院を卒業した、入社以降の経歴を書きます。

しかし、入学した大学や入社した会社は、どのように選択し、どういった経緯で入ったのかは、本人でないとわかりません。その経緯は、小学校、中学校、高校といった大学に入る前のあなたの経歴が、大学や卒業後の会社への就職につながっているからです。

ここではまず、そういったあなたの経歴は、どのような形で形成されてきたかを少し振り返ってみましょう。

そうです。**まず「自分史」というものを作って、自分の人生を振り返ってみることから始めるのです。**

「自分史」の作り方についてもいろいろな本が出版されていますが、立花隆さんが書かれた『自分史の書き方』（講談社学術文庫、２０２０年）がおすすめできます。

この本は、立教大学で講義された内容を再編集したものです。

その中で立花さんは、日本経済新聞の「私の履歴書」が一番参考になる、と書いています。１日に４００字原稿用紙３枚から３・５枚程度、30回連続して、合計１００枚程度の量です。立花さんはこのテーマで13回の講義を行い、ほとんどの学生さんは、自分史を書きあげたそうです。

「自分史」の内容としてどのようなことを書けばいいのでしょうか？

具体的には、年代順にあなたに起こった出来事などを挙げていきます。

まず、あなたが育った家庭はどのような状況であったか、両親、兄弟姉妹らに囲まれて、どのような生活であったか。

また、小学生時代は、どの学校へ行って、勉強はどの学科が好きだったとか、何に熱中していたかとか、学校でどういう友達と遊んでいたかとかを書き出してみます。

同じように、中学生の時も自分がどういった学校で、どういう勉強をして、どんなクラブで活躍し、何に熱中し、どんな友達と遊んでいたか、中学生時代に将来のことについて考えていたことがあったか、などです。

高校は、どんな基準で学校を決めたのか、その高校は都道府県内のレベルでどういったレベルであったのか、勉強の出来はどうだったのか、高校では何に熱中していたのか、文化祭、体育祭、部活、修学旅行はどうだったとか、どんな友達と付き合っていたのか、アルバイトなどをやっていたのか、そういった高校生活を通じてどのようなことを考えていたのか、感じていたのか、何が印象深かったのか、どのような系統の大学への進学を目指していたのかなどです。高校時代のこれらの経験があなたの将来をどのように形作っていったのかを思い出します。

次は大学時代です。

大学を選んだのは、どういった理由だったのか、勉強の出来はどうだったか、部活、サークル、ボランティア活動はどうだったか、何に熱中していたのか、親友、あこがれの人、お気に入りの有名人、恋人はどのような人だったのか、アルバイトはやっていたのか、高校時代と大学時代では、自分自身がどう変わったのかなどです。

就職にあたっての活動は、どういった形で取り組んだのか、どういう基準で業界を選択したのか、何社受験して最終的に就職した会社の理由は何だったのか、結果的にその選択が正しかったのかどうかなど。

このように入社にいたるまでのあなたのこれまでの経験を深く掘り下げていくことが必要です。

納得いく形の就職であったのか、会社に入ったものの、自分の思い通りの会社ではなかったために、すぐに退職し、再就職を考えるようになったのか、それらのことを一つひとつ思い出していくことも必要です。

次に職歴の記載です。

職　歴

❶就職先
小野田セメント株式会社
（セメントの製造、販売）
1981年4月（25歳）
～1988年2月（32歳）
職業選択の理由
大学で 無機化学 を学んだことと、父の会社と関係があったため。

❷転職①
恒和化学工業株式会社
（建築用仕上げ塗り材の製造、販売）
1988年3月（32歳）
～1999年3月（42歳）
職業選択の理由
父の経営している会社だったため。

❸転職②
株式会社コンステック（コンクリート構造物の調査、診断、補修工事）
1999年5月（42歳）
～2002年12月（45歳）
職業選択の理由
異業種へのチャレンジ。

❹転職③
昭和KDE株式会社
（ガラス繊維、耐火物、セメント混和材の製造、販売）
2003年1月（45歳）
～2016年8月（60歳）
定年退職
職業選択の理由
メーカーの方が、自分の適性を活かせると感じたから。

定年退職後の職歴

❶定年退職後の再就職①
株式会社ラルス
（廃石膏ボードのリサイクル事業）
2016年9月（60歳）
～2018年1月（62歳）
職業選択の理由
昭和KDE株式会社の紹介による。

❷定年後の再就職②
株式会社テクノプロコンストラクション（人材派遣業）
2018年3月（62歳）
～2020年6月（64歳）
職業選択の理由
長く単身赴任を続けていたので、自宅から通勤できるようにしたかったから。

❸定年後の再就職③
株式会社トクオ（設計事務所）
2020年7月（64歳）
～2021年10月（66歳）
職業選択の理由
テクノプロコンストラクションから出向社員として勤務していたが、嘱託社員として採用されたから。

自分の長所・オリジナリティを発見

自分の考えを確認

自分史の作成例

小学生時代

私立森村学園初等科、幼稚園も森村学園幼稚園であった。

勉強の出来は、上位。ドッジボール、キックボールに熱中していた。

中学生時代

東京都大田区立石川台中学校に入学。

勉強の出来は、上位。バスケットボール部、生徒会新聞委員長。

熱中したのは、友達の家でディスクジョッキーのまねごとをしていた。某ラジオ局の聴取者参加番組によく行っていた。


生徒会の役員となったが、秀才の集まりで刺激を受けた。

高校生時代

東京都立小山台高等学校へ入学。当時の群の中では上位（都立日比谷高校とほぼ同じレベル）。

港区、品川区、大田区では、文武両道の学校として有名だったから受験した。

勉強の出来は、中位。バドミントン班に所属。


クラシックギター、文通、スキーなどに熱中した。

主として、班活動のメンバーと話をしていた。アルバイトは、特にやっていない（時間がない）。

大学生時代

国立岡山大学工学部工業化学科に一浪で入学。現役では、北海道大学を受験したが、不合格。

大学を選んだのは、雑誌蛍雪時代の表紙に掲載された図書館の写真を見て。

勉強の出来は、中位。ユースホステル部企画部長、表彰なし。旅行、サイクリング、テニス、ソフトボール、スキーなどに熱中した。

ユースホステル部の仲間や学部の仲間と過ごす。

アルバイトは、大学3年までは、ほとんどしていない。たまにイベントの裏方など。

大学院生時代

国立岡山大学大学院工学研究科工業化学専攻へ入学（内部進学）。

その大学に進んだ理由は、就職状況が悪かったことと、大学院の定員が10名程度あったため（入学試験はあり）。

勉強の出来は、中位。社交ダンス部に一時在籍、旅行、サイクリング、テニス、ソフトボール、スキーに熱中した（大学時代とほぼ同じ）。

大学院の学部の仲間と過ごす。

アルバイトのメインは家庭教師。イベントの裏方など随時行った。

好奇心旺盛であることを確認

自分史の略年表

0歳	大阪市で生まれたが、生後3か月で東京都大田区北糀谷へ転居
1歳	当時の大森,蒲田近辺は、海苔の製造所が多かった
2歳	町工場が多く、川には工業用水が流されており、ギラギラしていた
3歳	
4歳	森村学園幼稚園に入園
5歳	慶応幼稚舎を受験するも不合格(この当時でも競争率5倍)
6歳	森村学園初等科に入学。東京都大田区東雪谷へ転居
56歳	宇都宮で東日本大震災にあう。島根県出雲市へ工場長として転勤 神楽を楽しんだ
57歳	工場内の不良在庫約100t(時価数千万円)の再利用に成功した
58歳	広島県庄原市へ転勤　神楽と温泉巡り
60歳	昭和KDE株式会社定年退社、 紹介により、株式会社ラルス入社(岐阜県大垣市)
61歳	リサイクル無水石膏を大手セメント会社へ納入
62歳	株式会社ラルス退社、 株式会社テクノプロコンストラクション入社(東京) 虎ノ門ヒルズの現場にてコンクリートの柱、梁の検査を実施
63歳	株式会社テクノプロコンストラクション退社、 株式会社トクオ入社(名古屋) 四国88か所巡り結願、新四国88か所巡り結願
64歳	名古屋にてコンクリート構造物の調査診断業務、東京へ転勤
65歳	株式会社トクオ退社、株式会社JSPで顧問を始める
66歳	株式会社ジャストで顧問開始。株式会社JSPの顧問契約終了
67歳	株式会社ジャストで顧問継続中
68歳	

何年何月に何歳で、どんな業種のどんな会社に入ったのか、なぜその会社を選んだのか、就職した結果思い通りの会社であったかどうか、会社でどんなことを経験したかなど、それらを年代順に書いていきましょう。

その年に起こったことを、なるべく正確に、記憶をたどりながら書いていきます。備考欄にその年の印象的な出来事を書いておくと、記憶をたどるのに、参考となります。

『わかりやすい自分史の手引き』（池田勝徳著、翔雲社、２０１９年）は、年表として、大正15年から令和元年までの出来事が90ページにわたって記されていますので、大変参考になります。

一社のみの人の場合は、これまでのことを年度別に書きます。

転職の経験者は、先ほどと同じように、何年何月に何歳でどのような業種の会社にどのような経緯で転職したのか、なぜその会社に転職したのか、転職した結果思い通りの会社であったのかどうか、などを書きます。

転職した会社で経験したこと、記憶に残っていること、それらを先ほどと同じように年代別に記していきます。

転職を繰り返している人は同じように転職の履歴を書いていきます。

「自分史」を作ることで、次のような発見があります。

1. 自分の長所や短所がわかる
2. なぜ今の職業についているかがわかる
3. 自分がどんな分野で活躍できるかがわかる
4. 自分のオリジナリティがわかる
5. 自分自身の生きがいが見つかる

このようにまず、てんこ盛りの「自分史」を作成して、これまでの人生を振り返ってみることが重要です。

内容は多岐にわたり、年度別に書くわけですから、かなりの時間を要することになります。しかし、ここでしっかりとした「自分史」ができれば、てんこ盛り「職務経歴書」はできたも同然なのです。

職務経歴、達成事項は、「現在から過去に向かって」書く

職務経歴書は、通常は過去から現在に向かって書きます。

再就職の場合は、最初に入った会社がどのような会社であるかがまず知りたいからです。そして今現在どういう会社にいるかを知ることによって、応募者の人となりを判断するからです。

しかし、**顧問の場合は、現在から過去に向かって書きます。**

顧問については、現在どんな仕事をしているかが知りたいからです。

書き方は、何という会社でいつから働き始めていたのか、会社の業務内容はどういったものか、資本金や従業員数、本社の所在地などを書きます。

次に、本人の所属部署、役職などを書き、具体的にどんな業務を実施したかを記載

します。成功の実例や、売り上げの金額、画期的な新商品の開発、などがあれば記載します。

実績が自社だけではなく、外部の会社と共同で行ったことなども記載しておきます。所属部署が重なった場合とか、異なった事業に関わった際にも個別に記載しておきます。仕事での印象的な成功事例があればそのことも合わせて記載しましょう。それは具体的なアピールポイントになります。

同じ会社であっても部署が異なれば、異なった部署での在職の年月日を記載するようにします。

転職の経験があれば転職先でも同様に記載します。

定年退職された方であれば何年何月定年退職と記しておきます。定年退職後、再就職を紹介されて転職した場合は、そのことも記載します。

成果や達成事項として、どのようなことがあったかは詳しく書く必要があります。

技術系の人の場合は、提出した特許の内容、対外的に発表した論文、雑誌などに掲載

職務経歴書

岩﨑 和郎

〒×××-×××× ○○○○○○○○○○○○○○○○○○○○○○○○○○
TEL＆FAX:○○-○○○○-○○○○

略 歴

岡山大学大学院（無機工業化学）修了後、小野田セメント株式会社に入社し、セメントの品質管理とセラミックスの開発研究を7年間経験した。セラミックスの開発研究では、炭化珪素の微粉末化に成功し、パイロットプラントを立ち上げた。恒和化学工業株式会社では、研究部門に8年、企画部門を3年経験した。研究部門においては、建築用仕上げ塗り材、コンクリート補修材の開発、改良及びVE手法による製品のコストダウンを実施した。企画部門においては、ISO9001の取得、製品の統廃合を実施した。株式会社コンステックでは、技術営業部門において、コンクリート構造物の調査、診断、補修に関する技術のシステム化及び技術営業活動を3年間経験した。昭和KDE株式会社では、セメント混和材の開発、改良、営業、製造管理、品質管理等を13年間経験した。株式会社ラルスでは、廃石膏ボードの受け入れ、管理、破砕、選別、焼成によるリサイクル無水石膏の製造、品質管理を1年半担当した。

株式会社テクノプロ・コンストラクションでは、派遣社員として、A工務店でPCコンクリートの検査業務を1年3か月担当した。出向社員として、株式会社トクオ本社でコンクリート構造物の調査、診断業務を1年担当した。株式会社トクオに転籍し、東京営業所にて同業務を担当した。株式会社JSPでは、開発センターにて新規建材の開発業務を社外顧問として、業務支援した。株式会社ジャストでは、NIT創成研究部にて建築・土木構造物調査業務の技術的指導及び研究開発に関する業務を支援している。

主な経験業務

◎ セメント混和材の開発、改良、販売、製造管理、品質管理
◎ コンクリート構造物の調査、診断、補修技術及び技術営業活動
◎ 建築用仕上げ塗り材、コンクリート補修材の開発、改良
◎ セラミックス粉末の製造技術
◎ ISO9001取得時の主任監査員
◎ リサイクル無水石膏の製造管理、品質管理

職務経歴及び主な達成事項

株式会社ジャスト　2022年6月～

NIT創成研究部にて社外顧問として業務支援中

株式会社JSP　2021年12月～ 2022年11月

新事業開発本部開発センターにて社外顧問として業務支援した

株式会社トクオ　2020年6月～2021年10月

東京営業所にてコンクリート構造物の調査、診断業務を担当した

- 2021年10月 常勤の仕事に体力的限界を感じたため、退職

株式会社テクノプロ・コンストラクション　2019年6月～2020年5月

株式会社トクオへの出向社員として、本社（名古屋）にてコンクリート構造物の調査、診断業務を担当した

株式会社テクノプロ・コンストラクション　2018年3月～2019年5月

大手企業の派遣社員として、プレキャストコンクリートの検査を担当した

株式会社ラルス　2016年9月～2018年1月

廃石膏ボードのリサイクル事業

（資本金3百万円、従業員数20名、本社大阪府摂津市）

- 大垣工場 管理部長（2016年9月～2018年1月）
  - 廃石膏ボードの受け入れ管理、破砕、選別、破砕品を焼成することにより、リサイクル無水石膏を製造する製造管理、品質管理を行った
  - リサイクル無水石膏の販売は、A社が窓口となっている
  - リサイクル無水石膏に関しては、大手セメント会社のセメント系固化材原料として、納入にいたる
- 2018年1月 身内の介護のため、退社

昭和KDE株式会社（旧社名:昭和鉱業株式会社）　2003年1月～2016年8月

（中略）

（中略）

●特許出願
　水系蓄光塗料組成物及びその塗装方法［1997年11月出願］
●総合企画室～経営企画室 部長～取締役（1994年12月～1997年3月）
＊経営方針の立案、営業企画、広報業務
●約1,000種類に及ぶ製品の統廃合（3割削減）
●ISO9001認証取得　主任監査員（塗料・建築仕上業界初）（1996年7月）
●技術研究所 課長代理～部長（1989年3月～1994年11月）
＊建築用仕上げ塗り材、コンクリート補修材の開発、改良、新規テーマの探索
●耐汚染性（汚れにくい）塗料の開発
●某社との耐火被覆材の共同開発
●VE（価値工学）による製品のコストダウン
●ギムネマイノドラムに関する基礎調査
●特許出願
　耐火被覆材［1993年3月出願］
　糖質吸収抑制用飲食物［1989年12月出願］
●1999年3月　一身上の都合により退社

小野田セメント株式会社　1981年4月～1988年2月

セメントの製造、販売（資本金30,000百万円、従業員数3000名、本社山口県小野田市）
●セラミックス研究所 電子材料チーム 主任（1987年3月～1988年2月）
＊窒化アルミニウムの合成に関する研究
●セラミックス開発室 第一チーム（1982年6月～1987年2月）
＊超微粉炭化珪素粉末の開発　（屋久島電工（株）との共同開発）
●特許出願
　非酸化物セラミックスの粉砕方法［1986年4月出願］
●藤原工場品質管理課（1981年4月～1982年5月）
＊セメントの品質管理（普通、早強、中庸熱、ジェット）
●1988年2月　キャリアアップのため、退社

した場合は掲載した内容、掲載紙などを書くといいでしょう。

あなたが、社内だけではなく対外的にも評価されているという印象を高めるためです。

営業の方は売り上げのアップや新規ルートの開拓などを挙げるといいでしょう。経済界や業界の役職などについた方は、そのことも記載しておきましょう。また、そういった役職に就いた時に、社会的に注目された行動等があればそれも記載するようにします。

社内だけではなく対外的な活動も実施したということを記載するわけです。

特にボランティアとして活動した経歴があれば書いておきましょう。外資系の企業であればボランティア活動はかなり注目される経歴となります。

参考として自分史を書いていますので、書く内容は非常に多くなると思います。量のことは気にせず、まずすべての事を書き出してみましょう。

初めに入社した会社まで、まず書けるだけ書いてみるのです。

先ほどの成果についてですが、個人で達成した事項ではなく、チームの場合も区別せずに記載しましょう。また、アイデアやサジェスチョンを求められたテーマについても記載しておきます。

要は自分が関わったと思われるものはすべて記載するのです。

さまざまな成果で表彰された場合は、社長表彰、対外的な表彰だけではなく、地域活動での表彰も入れるようにします。

これらのことを細かく記載するとあなたの職務経歴はてんこ盛り状態になるはずです。てんこ盛り状態でも綺麗に揃えると中身がより光るようになります。そこで次に余計なものをそぎ落とし、不足しているものを補う作業を行います。

その際にも、最初に書いた自分史が参考になります。

自分史を読み返してみて、自分が得意であった箇所を付加し、不得手な箇所を削減しましょう。そういった作業をすることで、職務経歴がより充実したものとなります。

表彰、資格、学歴は漏らさず書く

表彰は、在職中の社内の表彰（社長表彰、事業場表彰など）や対外的な表彰（学会、業界など）だけでなく、地域活動におけるものも漏らさず書くことにしましょう。具体例としては、職員表彰、勤続表彰、功績表彰、功労表彰、優良表彰、優秀表彰、業績表彰、学術表彰、善行表彰、奨励表彰などです。

資格は、これまでに取得したものを、新しいものから順に書きます。書く際には、取得した年月も書いておきましょう。

資格は国家資格から民間資格、公的資格など実に多くのものがあります。それぞれに難易度や人気ランキングなどが公開されており、非常に参考になります。国家試験として難易度の高いものは、社会保険労務士（社労士）、行政書士、司法書士、電験三種、気象予報士などです。

難易度がそれに続くものとしては、ファイナンシャルプランナー（FP）、旅行業務取扱管理者、宅地建物取引士（宅建士）、通関士、第一種電気工事士、マンション管理士・管理業務主任者などがあります。

一方、民間資格では人気の高いものとして、簿記検定、公認会計士、税理士、中小企業診断士、情報処理関係、一級・二級建築士などがあります。これらの資格をお持ちの場合は、ぜひ記載しておいてください。

最後に、普通自動車の免許に関しても当たり前だと思わず必ず書くようにしましょう。

最後は学歴です。出身大学と卒業年、卒業論文を書きます。論文を書かれていない人の場合は、出身のゼミの教授の名前やゼミ名なども必ず記載するようにしましょう。

略歴、主な経験業務は検索されやすいキーワードを盛り込む

略歴と書きますと、これまで作成した職務経歴を手短にまとめたものと思われますが、実は、最も重要な項目なのです。

企業の担当者、顧問派遣会社の担当者、ヘッドハンターの方々は職務経歴書を見て判断すると言われています。**しかも、あなたの職務経歴書を見て、判断する時間は、1分間だそうです。**つまり、1分間であなたの職務経歴を判断するわけです。わずか1分間で判断するのに見る箇所はあなたの略歴の項目です。彼らは、あなたの略歴を見て、どのような判断をするのでしょうか?

彼らの判断基準は、大きく分けて3つあります。

①実際に求人があり、求めるスキル、職歴に合っている

②現状では求人はないが、求人がありそうな分野にふさわしい人材である

③職歴やスキルが明確ではないため、具体的な求人のニーズがない

あなたが、三番目の分類に入らないように略歴を魅力的なものにしましょう。

三番目の分類に入ってしまうのは、必ずしもあなたに職歴やスキルがないからではなく、略歴に職歴やスキルが明確に示されていないためなのです。

略歴というものは長い職務経歴書を短くまとめたもので、多くは５００字前後でまとめられた文章です。

ということは、いかに５００字であなたの職歴をうまくまとめられるかということがポイントになります。

それではどのように書けば1分間で目に留まるような略歴が書けるのでしょうか。かつ、検索でピックアップされるのでしょうか？

それをこれからご説明いたします。

略歴を書く前にはもちろん詳細な職務経歴書があることが前提です。

まずは職務経歴書の中からあなたのスキルを表すキーワードを探しましょう。

キーワードとは、誰もが納得する資格、スキルで、わかりやすいワードです。

資格については、その業界で認められている、あるいは認証されている資格を挙げましょう。この業界なら、この資格を持っているのは当然だ、持っていないと行動が制限される、というものであれば、同業をターゲットとする際のキーワードとなります。

スキルとは、訓練や経験等によって身につけた技能、ある人が有している力量や技術、腕前、熟練などです。それが百人に一人しかできないようなことであれば、とても強いアピールになります。

言い換えると、**「生まれ持った才能に技術をプラスして磨き上げたもの」**と表現することもできます。あなたの職務経歴を見直して、この項目は他の人には真似ができないとか、こんな経験をした人はいないとか、異業種での仕事の経験であっても独自の視点で事業が生まれたとか、を探してみましょう。

何か1つでもそういったことがあれば、キーワードとなります。

そのようなことを踏まえて略歴を書いてみましょう。職務経歴書を参考に、略歴は**①いつから、②どの会社で、③どんな業務を、④何年経験したか**、を書きます。

どの会社・部署にいたかということよりも、「どのような仕事をしたか」が、先方にとって有益な情報になります。仕事の内容は簡潔に「こういう成果があった」、あるいは「こういう内容で会社に貢献した」、「こういうことをして社外的に信用が高まった」などの内容を書きます。

書き終わったら、声に出して何回か読んでみることをおすすめします。声に出して読むと、書いていた時には気がつかなかった違和感や内容の欠落などを発見することがあります。書いていくと、とかく硬い表現になりがちですが、声を出してわかりやすい内容であれば、そちらを優先しましょう。

わかりやすく、簡潔な表現にすることが重要です。

書いたあとは、周りの家族の方にも読んでもらいましょう。それほど長い文章ではないため、気軽に頼むことができますし、ストレートな第一印象を聞くこともできます。自分自身のことを書いているのに、第三者的な視線での文章になります。

主な経験業務は、略歴で書いた文章中からキーワードを選択して、キーワードを盛り込んだワンフレーズの文章を作成します。例えば、表彰、資格で挙げた項目を盛り込んだ文章とします。

・社会保険労務士として○○年、大手企業を担当した。
・ファイナンシャルプランナーとして、○○件、相談を担当した。
・中小企業診断士として、○○社に診断、助言した。

社会保険労務士、ファイナンシャルプランナー、中小企業診断士などは、検索されやすいキーワードですので、主な経験業務の中で再度記載して、検索されやすいようにしましょう。

自己ＰＲ文は、登録先のフォームに合わせた書式で記述する

この自己ＰＲ文に盛り込む内容の要点は、ずばり、担当者が、この文を読んで、あなたを採用したいと決めるかどうか、ということです。

担当者は、あなたのプロフィールを見て、採用の可否を決めることになりますが、決定するポイントは、提出された文章の「このスキル」「このノウハウ」などといった自己ＰＲ文のキーワードです。

この人はこういった分野に才能がある。この人のスキルをこの顧客先に活かせる。つまり私（担当者）は、この人のこの部分に魅力を感じたので、結果的にこの人を推薦する。そこには担当者の思い入れが入るということです。

自己ＰＲ文の内容は、いろいろなものがありますが、共通する書き方を紹介します。

まず、**最初にテーマ、タイトル**を考えます。

2番目に、PR箇所、ポイントを明確にします。

3番目は、エピソード、事例を考えます。最後にそれらを組み合わせて魅力的な文章を作成します。

テーマ、タイトルですが、あなたが顧問になることを想定して、得意としていることや、成功したこと、このテーマであれば自分も顧問先と同じように成功できるイメージが持てる、なんらかの形で貢献できる、あるいはずっと追い求めていきたい、生きがいを感じる、といったテーマをまず挙げてみましょう。

この時点でテーマが複数あった場合は、とりあえず複数挙げておきます。

次はPR箇所を明確にします。最初に挙げたテーマタイトルに関しての、PR箇所を挙げます。PR箇所は、資格か、スキルか、ノウハウか、どの分野、どの職種、どの業界で対応できるのか、などです。

次にエピソード具体例を挙げます。

先ほど書いたPR箇所に対しての具体的な成功例を挙げてみます。

エピソードの具体例は、資格、スキル、ノウハウの一つひとつに関して、実例があ

自己PR文

2023年8月20日

テーマ

主として、製造会社で基礎研究、開発、企画、営業、生産管理、品質管理等ひととおりの業務をこなしてきました。特に開発部門が長く、基幹となる商品に数多く携わり、売り上げに貢献してきたと思っております。

エピソード

企業が成長するためには、新しい商品の開発が必要です。テーマや技術的な課題に突き当たった時には、第三者的な見方によるブレークスルーが必要となります。

素材メーカー、製品開発メーカー、製品を施工する会社等、異なった業界の経験をいかせる分野での職務を希望します。

PR箇所

スキル

- 顧客の抱えている課題を解決するための企画提案力
- 基礎研究、開発、企画、生産管理、品質管理、営業等メーカーでの業務経験が豊富
- 現状を打破するための複数の企画を提案、推進できる
- コンクリート構造物の劣化を調査、診断し、補修方法を提案できる

ればそれぞれ書いてみます。

以上の項目については、最初は箇条書きでＯＫです。

思いつくだけたくさん挙げてみましょう。

これらの作業が終わった最後に、箇条書きの項目をまとめて、魅力的な文章を作成します。

自己ＰＲ文は、長さとしては略歴と同じくらいがまとまりが良いです。つまり原稿用紙一枚程度です。

書きあげた自己ＰＲ文は、何度も声に出して、読んでみましょう。スラスラと読みやすい文章であることが必要です。

書きあげたあと、テーマ、タイトルが、自己ＰＲ文として、エピソードや具体例が、それぞれテーマ、タイトルにあったものか再度見直してみましょう。

担当者が読んで、ここが決め台詞だと明確になった部分があれば、完璧です。

テーマの内容が一般的なものか、非常に専門的なものというのではなく、やや専門的で、それほど難しくないといったテーマが魅力的なものになります。

「てんこ盛りプロフィール」を使って顧問派遣会社に登録する

ここまで、履歴書、職務経歴書、自己PR文、いわゆる「てんこ盛りプロフィール」作成法を解説してきましたが、これらを使用して派遣会社に登録することが、顧問の活動のスタートとなります。

これらの3点セットを準備しておけば、どの派遣会社に登録するにしても、臆することはありません。ただ、顧問派遣会社によっては、登録内容が異なりますので、多少の修正は必要となります。

しかし登録する際に最も重要なことは、どの顧問派遣会社があなたにふさわしいのかを決定することです。

あなたの職歴に合った会社を選択しないと、登録はしたもののいつまでたっても、具体的な話は来ない状態になってしまいます。

そこでこれまで作成した3点セットのうち、自己PR文を再度見直して、その内容に沿った顧問派遣会社をフローチャートで探してみましょう。

ベストとベターの2社をとりあえず選択します。

ベストとベターの2社向けのPR文を顧問派遣会社の書式に沿って、書いてみましょう。自己PR文と自己PR文②を作るのです。

顧問派遣会社への登録は、最初は、ベストの1社と相性が良い場合は、1か月程度でなんらかのオファーがあります。オファーがあった場合は、すぐに対応しましょう。

1か月たってもオファーがない場合は、ベターのもう1社に登録しましょう。

オファーがない場合は、顧問派遣会社の公開案件などに応募してみましょう。できるだけ早く、1つの案件に関わることが必要です。案件に関われば、担当者との面談に至りますので、この案件に適合しなくても、担当者と会話することができます。接触の機会を得ることによって、職務経歴書や自己PR文に関してもアドバイスを受けることができますので、なるべく早く担当者と会話するように動きましょう。

面談では、スキル・ノウハウ・人脈をはっきり伝える

顧問派遣会社に登録すると、しばらくして、面談の日時を調整したいというメールが来ます。

現状、顧問派遣会社との面談は、ほとんどがZoomなど、リモートによる面談となります。

リモート面談の経験がない人は、この機会に顧問派遣会社とのリモート面談を経験して、来るべき顧問先企業との面談の練習をしておくことをおすすめします。

会社の会議等で、リモート面談を行ったことがある人は多いと思います。しかし、会社での場合はあらかじめリモート面談等の準備がされており、つながった状態で開始となる場合がほとんどです。

自分でアクセスしてリモート面談を経験したことがない人は、ぜひリモート面談に至る操作に慣れておいてください。ここでは初めてリモート面談をされる方のために

実際のやり取りを通じて、説明していきます。

顧問派遣会社から面談の日時の調整のメールが来ますが、日時の設定のケースはさまざまです。先方から、候補日と時間を挙げて選択するケースや、ホームページで候補を選択するケース、あるいは直接電話がかかってきて、面接日を問い合わせるケースがあります。

いずれのケースにおいても、まず候補日を複数日連絡します。

顧問派遣会社から、日時の決定のメールが返送されますので、この日時でよければ、「この日時でお願いします」とのメールを返送します。

直接電話がかかってくるケースは、面接日の設定というより、具体的な顧問先企業が見つかった可能性が高い場合です。

顧問先企業の内容について、直接、説明されるので、よく話の内容を確かめながら聞くようにしましょう。

このケースは、まずあなたが顧問先企業の候補として適切かどうかと、あなたが応募するかどうかを、電話にて確認する作業です。登録直後に顧問先企業が決まるかもしれないというチャンスですので、急な電話であっても適切に対応するようにしましょう。

この場合は、顧問派遣会社との通常の面談は別途設定されます。電話だけで終了することはありません。

いうまでもなく、リモート面談は、Zoomなどのシステムを使って、画面を共有しながら、パソコン（またはスマートフォン）についているカメラを通して、顔を見ながらの面談です。画面を共有し、パワーポイント等を使用して、文書での説明を行うこともあります。

一般的なZoomの使用法は、

①メールで、ログインURLが送られてくる

②URLをクリックすると、初回にZoomのインストールが開始される

③当日面談時間になったら、メールに記載してあるパスワードを入力し、ログインすると、面談がスタートする

この場合の注意事項としては、Zoomのインストールに多少時間がかかることです。時間になってからZoomをインストールするのではなく、その前にインストールしておきましょう。パスワードを入力しないと、面談は開始できませんので、事前のインストールは問題ありません。

リモート面談の場所ですが、場所としては、自室かリビングルームになると思います。背景も映りますので、なるべく無彩色の背景にしましょう。背景に何も写っていないことをおすすめします。何かが、飾ってある場合は、面談時だけは外すようにします。

また、上半身も映りますので、服装にも気をつけましょう。スーツかクールビズが普通ですが、服装にはこだわらなくてもいいという記載があれば、カジュアルな服装でもOKです。

顧問派遣会社の担当者との面談では、最初に活動のルールやサービス内容の説明がある

顧問派遣会社との面談は、当日パスワードを入力して、ログインするとスタートします。

担当者を確認できたら、具体的な会話に入りますが、まずあなたが現在どのような状況にあるかを説明しましょう。会社に就業中なのか、もう少しで定年なのか、定年後なのかなど、まず、現在の状況を伝えます。

担当者からは、活動のルールやサービス内容の説明がまずあります。

最初に理解しなければならないことは、顧問契約は 業務委託契約だということです。**支援先企業より、顧問派遣会社が業務を受託し、顧問派遣会社より、委託先の我々に業務を委託する契約です。**

この仕組みをしっかりと把握することが重要です。

通常の雇用契約とは違う表現で表す内容が多いということをまず理解しましょう。

例えば、勤務時間は業務実施時間、活動時間という表現になります。

通勤費は交通費とか、給与は委託料という形で表されます。

こういった表現から、これまでの雇用契約とは違う契約になるということをまず確認してください。委託料に関しては、ほとんどの場合、当月実施の委託料は、翌月末に支払われます。

また、1か月ごとに明細が出されるのではなく、翌年に支払調書が発行されることが多いようです。源泉徴収票の発行の有無についても、聞いておきたいと思われるでしょう。

これらの確認は実際に顧問活動を開始することになり、契約を結ぶ段階でも遅くはありませんので、概略を尋ねる程度にしましょう。

その他、細かい活動ルールや業務の流れに関しては、顧問派遣会社ごとに異なっておりますので、個別に確認してください。

自己紹介ではスキル、ノウハウ、人脈などのセールスポイントを説明する

顧問派遣会社の担当者から、活動のルールやサービス内容の説明を受けたあとは、いよいよ自己ＰＲの時間です。

ここでは出身地、出身大学、会社名などの簡単な自己紹介で終わりにせず、スキル、ノウハウ、人脈などのセールスポイントを説明します。

顧問派遣会社の担当者は、あなたの履歴書や職務経歴書、自己ＰＲ文などを、すでに読みこんでいます。担当者は、あなたの口から直接に、書いてある内容の確認をしたいのです。

もちろんこれらの内容と、あなたが話す内容が異なっているか、いないかの確認も行われます。

あなたは自己紹介を行いますが、ここで参考となるのは、あなたが書いた自己ＰＲ文です。自己ＰＲ文は一番ＰＲしたい点を４００字程度に効率よくまとめた文書になっ

ています。

あなたの自己紹介は、あなたがPRしたい点を一点に絞り、話をしましょう。

担当者が知りたいのは、あなたがどんな分野で、どのような業務を支援できるかという点です。自己PR文に基づいたあなたのPRを聞いて、担当者が支援できる企業を思い浮かべることができるかどうか、つまり具体的な顧問先企業に思い至るかがポイントとなります。

担当者が具体的に抱えている顧問先企業と、あなたのセールスポイントが合えば、具体的な顧問先企業との交渉に移るかもしれません。

その場合は、担当者から企業名を明かすかどうかは状況によりますが、支援内容については説明があります。

支援内容をよく確認して、支援できると思えば、具体的に話を進めていけばいいと思います。というのも、担当者との最初の面談時に、具体的な顧問先企業の紹介がままあるからです。

具体的な顧問先企業の紹介がない場合は、(ほとんどの場合は、この段階では顧問先企業の紹介はありません）担当者から、別の分野での自己ＰＲを求められます。その際には、自己ＰＲ文②の内容に沿った、自己ＰＲを行いましょう。

自己ＰＲ文②に沿った内容に、興味があれば担当者はその話を詳しく聞いてきます。

自己ＰＲ文②がない場合は、表彰、資格などを説明します。

資格については、担当者が知らない場合もありますので、その場合は説明を加えます。

また、どういった資格が活用される場合が多いのか、といった事情についても併せて尋ねておきましょう。

人脈については、あらかじめ記載した文書を提出しているのであれば、その内容を説明します。業界での知名度が高い場合やなんらかの役職についている場合は、その点も強調します。

あなたの自己紹介において、スキル、ノウハウ、人脈などのセールスポイントが十分にＰＲできたかを再度思い起こし、足りない点があれば追加で説明をします。

担当者は、依頼のある顧問先企業に紹介する人を登録者の中から探す

顧問派遣会社の担当者とあなたは、最初に面談し、自己PRを行いますが、この担当者は、2つのタイプがあります。

どういうタイプかをよく見極めて、対応するようにしましょう。

というのも、担当者はあなたと面談する際に3つのことを考えながら、対応するからです。これは前にも書きましたが再掲すると

①実際に求人があり、求めるスキル、職歴に合っている

②現状では求人はないが、求人がありそうな分野にふさわしい人材である

③職歴やスキルが明確ではないため、具体的な求人のニーズがない

2つのタイプと書きましたが、最初のタイプの人は、**実際に依頼のある顧問先企業**

に紹介する人を、登録者の中から探している人です。

その企業の担当者ともいえます。

その方はあなたが①タイプ、つまり実際の求人がある場合で、そのスキル職歴が合っているかを確かめるために面談するのです。

直接電話をかけてきた人であれば、その方が最初の担当者となります。

②タイプの人は、実際には依頼のある顧問先企業がない人、あるいは登録者がどのような人かを判断するタイプの人で、ベテランの年齢の人が担当します。

顧問の応募者は、50代以上の人が多いため、担当者は、ある程度経験を積んだ総務や人事の経験者が担当するようです。

応募する側にとっても、ある程度ベテランの人の方が安心するといった面もあります。

この担当者は、具体的に求人がない人でも、求人がありそうな分野の人か、あるいはそうではない人なのかの見極めを行います。

従って面談の際には、どういった分野に強いのか、どの業界で活躍できるのかという点から、あなたの持っているスキル、ノウハウ、人脈などを細かく聞いてきます。

少なくとも、３つの分野、業種での可能性を探ってきます。このように、多くの分野のことを聞かれる場合は、今まで話した分野での求人が少なく、求人の多い分野の可能性を探っていると理解してください。

その場合は、得意な分野ではなく、長く在籍した業種以外の分野の話をするようにしましょう。

例えば、子会社に出向し、まったく別の業種の仕事をしたとか、営業を長く経験していたが、ある時期管理部門の仕事をしていたかなどです。

メインはこの仕事ではあるが、数年間だけ畑違いの仕事をした。

その畑違いの仕事がメインの仕事のこの分野に参考になったとか、別の視点で新規開拓につながったとか、要は自己ＰＲでは紹介しきれなかった新たなＰＲ箇所を説明するのです。

このような説明をすることで 新たな求人に該当すると判断されるようになるかもしれないからです

強みをアピールするだけでなく、担当者と良好な人間関係を作ることも重要

顧問派遣会社の担当者にあなたの自己紹介、スキル、ノウハウ、人脈などのセールスポイント等の説明が終了すると、雑談タイムとなります。

この時間は単なる雑談ではなく、自分の担当者のことや、業界の事情を知るまたとない機会になります。

具体的に、実際に求人がある場合に、スキル、ノウハウ、職歴に合わせた人を探している担当者は、これからその求人に対して、あなたのことを紹介する作業に入ります。

担当者はあなたのことを推薦する立場になりますので、スキル、職歴、自己ＰＲに

加えて、人間的に魅力のある人物と認識してもらうことが必要です。

つまり担当者と良好な人間関係を形作る必要があるのです。

そのためには、共通の話題を見つけることがポイントとなります。

出身地、出身大学などが同じであるとか、同じ資格に挑戦したことがあるとか、話題は何でもかまいません。

お互いに何か共有できる点があるとわかれば良いのです。

共通のテーマが見つかった場合は、相手方との距離が一気に縮まります。要は担当者に何が何でもこの人（あなた）を紹介したいという気持ちにさせることが大切なのです。

また、この際に顧問業界の事情も尋ねておきましょう。

尋ねる内容は、今必要とされている顧問はどういう人が一番かと言うことです。

どのような人が応募しているかも聞いておく方が良いと思います。

どんな人が欲しいのか、という質問もこの際に聞いておきたいことです。

聞きたいことは、この際聞いておくようにしましょう。

リモート面談のコツを教えてもらうことも必要です。

話し方が良かったのか、声の大きさはどうか、見た目の印象で気づく点はどうか、質問に対する答え方で気がついた点は何かなど、率直な印象を聞いておくようにしましょう。

そのような会話をすることでも、担当者と良好な人間関係を作ることができます。これからはあなたと担当者は一心同体です。担当者の心をがっちりとつかんで、顧問先企業との面談に備えましょう。

具体的な担当者でない場合も、あなたの魅力をＰＲすることは重要です。最終的に会話を終えた段階で、求人が見つかれば、すぐに紹介してもらえるような印象を持ってもらうようにしましょう。

顧問派遣会社の担当者の質問に対する的確な答え方

顧問派遣会社の担当者からは、あなたのスキル、ノウハウ、人脈などのセールスポイントを理解するために、さまざまな質問が繰り出されます。

答えにくい内容や、すぐに返答できないような質問も時には出されます。

このような質問に対して、どのように答えていけばいいのでしょうか。

答え方によって、あなたの評価が上がったり、下がったりしますので、丁寧な受け答えをすることが重要です。

大抵の質問に対しては、経験上それ相応の受け答えができると思います。

しかし予期せぬ質問や、答えにくい質問が出た時は、これまでの経験では対応できないこともあるかもしれません。

ここでは、よく聞かれる質問に対する答え方と質問の意図について説明します。

「どの業界を希望か」と聞かれた場合は

その場合は得意な業界を1つ、サブを2つ答えるように準備をしておきます。その際にサブの2つのうちの1つは自分の専門ではない業界をあげることがポイントです。このような答えをすることにより、業務の範囲を広げておきます。

「活動範囲」を聞かれた場合は

あなたの居住地が、どこかわかりませんが、とりあえず全国と答えます。

「あえて地域を挙げるとすれば」と問われた場合に希望地を述べるようにします。この質問は、あなたの意欲を試すような質問ですので、全国を希望する場合でない場合でも、とりあえず、全国と答えるようにしましょう。

あなたの取り組みに対する意気込みを試しているのです。

活動範囲は、具体的な顧問先企業が紹介された場合に再度考えても遅くはありません。

「何か質問がありますか」と聞かれた場合は

今企業は、どういった人材を求めているのか、どういった企業がどういう人材を必要としているのか、といった顧問の需要に関する事情を聞いてみます。

他に思いつくことがあれば、聞いておきます。

「どういった人柄か」と聞かれた場合は

趣味や特技、休みの過ごし方などをあらかじめ考えておきましょう。

内容は一般的なもので問題ありません。

「具体的には」と聞かれた場合は

この質問は、担当者が興味を持ったポイント、あるいはよく聞き取れなかった場合に質問されます。詳しく説明をすることにより、担当者が疑問を解消して、納得するまで十分に説明する必要があります。

面談の結果によって、登録者は、3〜5段階の「ランク」に分けられる

顧問派遣会社の担当者との面談は、約1時間程度行われます。

具体的にあなたが求人に合った人材で、求めるスキル、職歴に合致している場合は、次のステップに移ります。次のステップとは、求人のあった会社とあなたとの面談の設定の準備に入ります。

では具体的な求人や職歴、スキルに合致しなかった場合はどうなるのでしょうか。

あなたの面談の結果は、これまでに提出した履歴書、職務経歴書、自己PR文などとともに、顧問派遣会社のデータベースに入力されます。

新しい案件が入った場合は、あなたのデータと案件のデータが検索され、適合すれば紹介されることになります。

案件として多いのは、やはり人脈をいかして、商談設定に持ち込むといったもので

す。具体的な社名を挙げて、その会社に商談を持ち込み、成立にこぎつけるという内容です。

傾向としては、独自のソフトを立ち上げ、あるいは独自の製品をリリースしたところ、ある業界での展開がうまくいったため、周辺業界へ展開を図りたいといった案件が多いようです。

数多くの取引先につながりがあり、それなりのパイプを持った方であれば、すぐに話が舞い込んでくるはずです。

ところで、顧問派遣会社の担当者は、あなたが求人がありそうな分野の人かを見極めたあとに、**顧問派遣会社の基準により3〜5段階の「ランク」に分けられることがあります**。面談後の評価といわれていますが、応募者からするとあまりいい感じはしないことです。

もちろん、これらのことは公になっているわけではありません。しかし、顧問派遣会社からすると、同じような経歴、スキルの人が複数いた場合に、なんらかの基準がないと、選定に困ってしまうという状況になります。

選定にあたっては、履歴書、職務経歴書、自己PR文などの書類だけではなく、初回面談時の記録を参照しながら行ったり、面談の担当者の意見等を直接聞いたりして、選定をしているはずです。最終的には、担当者の判断にゆだねられますが、第三者的な見解として、評価基準による場合が多いのではないかと思っています。よって、なんらかのランク付けは、顧問派遣会社にとって、合理的な方法と思います。

このような事情がありますので、応募者はランク上位を目指さなければなりません。履歴書、職務経歴書、自己PR文を充実させた上で、面談時の担当者の印象を高めておく必要があるのです。

ランク上位になりますと、長期で契約が見込めるとみなされ、優先的に仕事を紹介される可能性が高まります。

派遣先の企業選定、あるいは応募者の選定は、担当者のさじ加減が9割と言われています。あなたの情報は出し惜しみをせずに、担当者にしっかりと伝えるようにしましょう。

リモート面談の前に押さえておくべき6つのポイント

リモート面談は対面とは異なり、インターネット回線を使用して、画面上で行う面談です。

リモート面談ならではの特徴や注意点について、よく理解、確認しておくことが必要です。前掲以外の押さえておくべきポイントは次の通りです。

①スマートフォンではなくパソコンを使用する

スマートフォンを使用すると、まれに電話がかかってくることがありますので、できれば、使用は避ける方が良いでしょう。

画面上で文書を共有する場合、スマートフォンでは、よく見えない場合があります。

文書内容を確認する場合もありますので、画面が大きい、パソコン等を使用するようにしましょう。

②家族が同居している際には面談の予定を伝えておく

同居している家族に面談を伝えていないと面談中に話しかけられるといったことが起きます。インターホンなどが鳴った際にも、手が離せない旨を事前に伝えておくようにしましょう。

③話している間はカメラに視線を合わせる

画面上に文書等が映されている場合を除き、面談中は、カメラに視線を合わせるようにしましょう。じっと見つめるのではなく、なんとなく見つめている具合が良いでしょう。

④回答は簡潔にわかりやすい表現で答える

WEBでの面談は、対面に比較して、お互いに聞き取りにくい状況にあります。こちらからの回答は、わかりやすく、簡潔な表現で伝えましょう。

詳しい説明は、先方の要求があってから、ゆっくりと答えるようにします。難しい表現を使うと、内容の確認の作業の時間が増えてしまうからです。

⑤ Zoom以外のソフトも確認しておく

最近は、Microsoft Teams Meetingというソフトを使用した会議も行われるようになりました。基本は、Zoomと同じですが、知らない場合は、内容を確認しておくようにしましょう。

⑥ トラブルに備える

リモート面談の当日、Wi-Fi等の不具合で、どうしてもインターネットにつながらない場合も想定されます。

その際は、スマートフォンの「テザリング」といった機能を使って、通信を回復できるようにしておきましょう。「テザリング」の手段を使ったことがない方は、家族や知人に尋ねるなどして、いざという時のために、使えるようにしておきましょう。

第3章

豊かに働ける顧問先企業との面談ノウハウ

顧問派遣会社に登録したあと、実際に顧問先企業を紹介された時に、どのように対応すればいいでしょうか。この章では、顧問先企業との面談の時に、心がけておきたいポイントについて説明します。面談では自分の能力や経験を誇張する必要はありませんが、相手が「契約したい」と思うような話をする必要があります。

顧問先企業の紹介があったらまず会社の概要を調べる

顧問派遣会社の担当者から、電話もしくはメールにて、顧問先企業の紹介があり、あなたが、その顧問先企業に応募しようと思ったら、その企業がどのような会社であるかまず調べましょう。

事業内容、主要製品・サービス、従業員数など会社の規模感、直近の業績推移など、会社の概要はホームページですぐ把握できます。

概要を把握したら、あなたがこの企業のどの分野で、どのような支援をするかを確認します。同時に、顧問先企業の業界における立ち位置を調べます。ライバル企業はどのような会社か、その分野のシェアはどの程度か、アバウトなデータをまず探してみます。

また内部情報についても、ルートがあれば探ってみましょう。ルートとは元社員とか、ＯＢ、その会社に取引がある人、あった人などです。生の声を聞くことで、会社のイメージがはっきりしてくるはずです。

ここではあくまでも、一般的な情報の範囲ということで聞くようにしましょう。この段階では、情報は得るけれども、インサイダー情報等の先入観を抱くような情報は求めないということが重要です。

顧問先企業の概要とあなたの支援内容から、おおよそ顧問としての仕事内容をイメージできると思います。顧問先企業との実際の面談日までに、あなたならどのように支援できるか、というプランを作っておくと、顧問先企業との面談に少しゆとりが生まれてくるでしょう。

顧問先企業との面談が決定すると、その前に、顧問派遣会社との事前打ち合わせの連絡が入ります。

事前打ち合わせの内容は次のようになります。

①顧問先企業の面談者がどういった方か
②リアル面談かZoom面談か
③委託業務の概要
④活動頻度（週1回、月1回など）
⑤活動期間（3か月、6か月、1年など）
⑥報酬

頻度、期間、報酬については、おおよその希望をこちらから伝えておきましょう。

顧問料の相場は、一般的には1日あたり3～10万円です。活動頻度や活動期間などから、おおよその収入を計算しておくといいでしょう。

顧問先企業の概要については、事前にざっと調べているとしても、直接顧問先企業の概要や課題などを、担当者にもより詳しく聞いておきましょう。

また**要求事項として何を一番期待しているのか、具体的な職務内容について尋ねておくようにしましょう。**その他、聞いておきたいことは、この際、遠慮なく聞いておきます。

従来、企業先との面談は、直接、相手先企業に出向いて行うケースがほとんどでした。直接会って話をする方が、お互いのことがよくわかるからです。

しかしここ数年は、コロナの影響等もあり、リモート面談が増加しています。

また、直接顧問先企業の本社に行ったとしても、立ち会えない人がいる場合には、一部の人がリモート面談で参加という形を取る例が増えてきました。相手先の本社に行って対面するが、支店や工場などの方がリモート面談にて参加されるという形式です。

顧問先企業との面談は3つのステップからなる

面接では、第一印象が最も重要と言われています。

しかも、面接開始の5分間が採用の可否を大きく左右するとも言われています。ですから、名刺の受け渡しや挨拶には特に注意して、行うようにしましょう。

退職して、会社の名刺がない場合は、簡単な名刺を作っておくといいでしょう。

100枚程度であれば、名刺印刷会社で作ってもらえますし、インターネット等から名刺の作成を依頼することもできます。文具店に行けば、名刺用のカードも販売しています。名刺を印刷するソフトもありますから、数多くのテンプレートから自由に選択、アレンジすることができます。名前や住所、電話、携帯電話番号、Eメールだけのシンプルなものから、デザインや写真を入れるタイプなど、そのパターンはさまざまです。

表面は名前、住所などといった一般的な項目とし、裏面には資格や趣味などを記載することもできます。このように、名刺であなたの個性をＰＲすることができるので、一工夫するのもあなたの個性を際立たせる手段となります。

具体的な面談は、顧問派遣会社の担当者が進行を担当する場合と、顧問先企業の担当者が担当する場合があります。

面談は、３ステップからなります。

①顧問先企業からの説明
②応募者（以下あなた）からの説明
③フリーディスカッション

最初は、顧問先企業からの説明となります。

会社の概要からプロジェクトの現状や課題、今後のあるべき姿などの説明があります。

あなたは内容をよく聞いて、事前に想定した内容と相違があるかどうかをまず確認しましょう。

顧問先企業の説明が終わったあとに、よくわからない点があれば、すぐに質問します。質問は、顧問先企業側からの説明内容の範囲内でするようにします。

次はあなたの自己紹介と自己ＰＲです。略歴の概要を1分程度で話します。

顧問の経験があれば、過去の取り組みの実績や経験などを話します。

簡潔に伝えることができるように、事前に話すことをまとめておくといいでしょう。

最後に、顧問先企業から聞いた話の中で、今回の支援内容に関する関わり方や、どういう形で貢献できるのかといった説明をします。説明は簡潔にわかりやすい表現で行いましょう。

自己紹介が終わったあとは、フリーディスカッションとなります。

はじめに依頼事項の概要について話があり、あなたの職務経歴が会社の課題解決につながるのかどうかを知るための質問が始まります。つまり、あなたが顧問としてふさわしい人物であるかの見極めを行うわけです。

顧問先企業の業務と同じような仕事を経験した人は、応募していません。そういった経験のある方は、退職時に「秘密保持契約」などを結んでいるため、同業での就業については、制限される可能性が高いからです。

ですから、**同じような業務の経験がなくとも、そのことはマイナスにはならないの**です。

同じ業務ではないが、関連する業務の経験があり、それが顧問先企業の業務に活かせればいいのです。そこで、あなたの経験で、顧問先企業の業務に活かせるスキル、ノウハウ等があれば、この点を十分に説明します。

まずあなたが、顧問先企業の依頼に対応できる人間であるということの説明に注力しましょう。

ただし、あなたが持っているスキルやノウハウを、洗いざらい説明してしまうのは行き過ぎです。この段階では、スキルやノウハウの一端を示すに止め、まだ他にもあるというニュアンスを残すようにします。

課題解決にすぐつながるというような話は、議論が煮詰まった段階でも遅くはありません。顧問先企業に「もう少し聞きたい」と思わせる程度で十分です。顧問先企業が関心を抱いたら、今回のテーマにふさわしいスキルやノウハウを持っているかもしれないと認識され、次のステップへと移ります。

両者での話が終了した時点で、面談は終了となります。

このあと、顧問先企業と顧問派遣会社の担当者の話し合いとなります。

あなたは退席しますが、話し合いのあと、顧問派遣会社の担当者も外に出て、あなたと簡単な打ち合わせをすることがあります。

内容としては、顧問派遣会社の担当者から面談結果の概要、すなわち採用の可否についての話となります。

面談に至った場合は、ほとんど採用を前提としたものです。

これまでの経験から考えると、**面接者が複数人いた場合、上長に当たる人は、ほと**

んどが採用に積極的です。不採用の場合は、実務担当者の判断による場合が多いようです。

従って、面談の要点は、担当者にしっかりとした受け答えをすることが肝要となります。上長の機嫌を損なわないようにすることはもちろんですが、担当者への応答については、それ以上に留意して臨むようにしてください。担当者とは、しっかりとした、もしくは必要以上の説明を加えることにより、あなたの採用の確率は高くなるものと思われます。

通常は、1回の面談で採用の可否が判断されます。しかし、担当者の都合がつかない場合や、より上長（社長もしくはそれに準ずる人）の方の要望があれば、2回目の面談を行う場合があります。

この2回目の面談は、具体的な内容の掘り下げとなります。顧問先企業の支援内容について、あなたがどのように関わり、具体的にどのように成果を出していくのか、という話になります。ここで、**初回には話しきれなかったスキルやノウハウや、関連**

する業務で成功した話などをします。

顧問に期待されることは変わってきています。業務を通した経験によって培われたスキルやノウハウを活かしてアドバイスするというだけではなく、現場と一体となって課題解決に取り組んでほしい、という企業が増えています。

先方がそのような要望を持っていることがわかったなら、その点について提案しましょう。

また、この課題解決を進める上で、あなた一人ではなく、他の協力が必要だと判断した場合は、その点を説明します。大学や研究機関、マーケティング会社など思いつくものがあればここで挙げておきます。あなたは関係諸機関と連携のもとに、各種プロジェクトを行ってきた、という証にもなります。

プロジェクトの期間についても、質問があるかもしれません。

顧問の契約期間は、3か月、6か月、1年といった短期間から2年以上とさまざまです。期間については、3か月、6か月、1年といった区切りで答えておけば十分です。もちろん、きっちり3か月、6か月ということではなく、目安として、ということを説明しておきます。

顧問先企業の社内事情に関して話が出てくるかもしれません。会社の内情について、思わず本音が語られることもあります。顧問の依頼をするのは、一定の理由があってのことですから、そのあたりをわかってほしい、という思いが出てくるのです。

ただ、このような時に、社内事情について話を深掘りするのは避けましょう。良い話をしても、悪い話をしても、問題の解決には至らないからです。

「その課題を解決するには、少なくとも3か月もしくは6か月の期間を要すでしょう」というような、ざっくりとした話をするに留めておきましょう。

顧問先企業の課題で、最も典型的なのは、売り上げを拡大することです。

顧問に期待することが販促の場合もありますので、あなたの販促についての取り組みについて質問があるかもしれません。

そういった場合は、この分野は行けそうだという領域を1つだけ挙げるようにしましょう。まず、可能性の高い、あるいは販促の実績のある分野での具体例を話します。

販路を拡大したいという先方のニーズがわかり、それに対して具体的な紹介先がない場合は、専門の商社などを紹介しましょう。商社との付き合いは、なんらかのツテがあれば十分です。

「販売拡大については商社と一体となって進めます」というのも1つの方法だからです。

フリーディスカッションは、その名の通り、自由に思いつくままに話をする場です。そういったやり取りの中で、思わぬアイデアや気づきが出てくるかもしれません。思いついたことは、できるだけその場で話をするようにしましょう。あとから言おうと思ったり、今のところはやめておこうと思ったりせず、参考となる場合は、話をしておきましょう。話をしなければ、発言の機会はもうないかもしれません。もちろん発言内容が適切であることが前提です。

苦手な質問は、事前に答えを準備しておく

顧問先企業との面談の際は、あなたのプロフィール（履歴書、職務経歴書、自己ＰＲ文）はすでに提出されています。内容についても理解され、質問内容も検討されています。

「職務経歴書」は、文字通りあなたのこれまでの職務経歴を記載したものですが、うまくいったものといかないもの、途中で挫折したものなど玉石混交状態のものがほとんどです。

うまくいったものについて質問を受ければ、自信を持って答えることができます。しかし、うまくいったことばかりではありません。

うまくいかなかったことや、途中で挫折したことを聞かれたら、誰しも不安になることでしょう。

それではこうしたことを質問されたら、どのように答えればいいのでしょうか。

一番答えやすい方法は、うまくいかなかったことは、その経験を活かして、別の分野での展開に活かすことができたとか、その挫折を乗り越えた経験が以後失敗を繰り返さないことにつながったとか、マイナスの経験が、別の形で活かされたという話に置き換えることです。

具体例を挙げると、資格取得にチャレンジすること3回、4回目にやっと合格した。失敗の原因を分析すると、○○という点が至らなかったことがわかった。このことを反省し、自分の資格に対するチャレンジの仕方に目覚め、必勝法を見つけた。以後は資格試験に一発で合格するようになった。こんなことでもいいでしょう。

また、製品に欠陥があることがわからず、商品化したところ大きなクレームが起こり会社に損害を与えることになってしまった。

そのあと、そういった製品に潜むリスクを事前に検証する手段を確立し、以後クレームが激減した。こんな事例も、マイナスをプラスに変えた、いいエピソードです。困難なことに果敢に立ち向かうという姿勢を示すことにもなるでしょう。

マイナスをプラスに転換させる経験やノウハウは、あらゆる企業の課題解決に活かすことができる、ということを強調するようにしましょう。

このように準備しておけば、苦手な質問をされた場合でも、慌てることなくしっかりとした返答をすることができます。

終了近くの「ご質問は？」はあなたの考えや意見を話す絶好のチャンス

フリーディスカッションが終盤に近づき、双方が聞きたい事が出尽くした頃を見計らって、進行者の方から、「他にご質問は？」とか、「そろそろ面談の時間が終了しますが、何かありますか？」という問いかけがあることは珍しくありません。

この質問は、基本的にはあなたがまだ聞きたいことがありますかという問いかけに聞こえますが、あなたが顧問先企業に対して、今の時点でどのように感じ、どのように考えているかということの答えを求めている場合もあります。

従って、あなたは、ただ単に質問をしたり、「質問はありません」と答えるのではなく、顧問先企業からの依頼事項や貢献できることをまとめて、あなたなりの意見を述べる機会でもあるのです。

あなたは、最初に顧問先企業の上長からあった依頼事項を簡単に述べ、そのあと行われたフリーディスカッションの中で、特に重視すべき項目、あるいは企業側が期待している項目を、一点挙げるのです。

期待している項目については、できればフリーディスカッション中に、手元のノート等に簡単に、テーマだけでも二、三点書いておけば参考になります。そして以上より、私は顧問先企業のどの分野において、私の持っているこういうスキル、ノウハウを使って貢献できるといった結論を話します。この場合、複数思いついたとしても、話の内容は一点のみにします。

顧問先企業は、依頼事項に沿った話であれば、概ね了承という顔をします。もしそうでない場合は、「この点については？」という問いかけがあります。その問いかけの方を重視しているので、その質問に対しては適切に返答しましょう。

「ご質問は？」との問いかけに、このように答えることで、顧問先企業側の要望やフリーディスカッションの内容をコンパクトにまとめることができます。あなたの話す内容が確かなものであれば、この先、顧問先企業側から、「お願いします」との言葉を引き出すことができます。

このように会話をまとめることで、顧問先企業から、あなたの話した内容で、間違いがないという感触を得ておきましょう。

契約に至りそうでない場合でも良い印象で締めくくる

終了近くの「ご質問は？」に対する返答で顧問先企業の担当者の顔に納得のいく状態が見えない場合や、その後過去の実績を示しても、同様の場合は、良い返事をいただけないことが多いようです。顧問先企業が求めるものと、あなたのスキルやノウハウ、過去のつながりが合致しないためです。その際には、フリーディスカッションを進めていっても、何か違和感を覚えるといった状況が続くでしょう。
これは、顧問先企業側の要望に対するあなたの応答に満足がいかなかったか、具体的な活動のイメージを描けない場合です。

このような場合は、もう少し柔軟な考え方で対応する必要があったのか、もう少し違った面から答える必要があったのか、事後に再度考えてみましょう。

話し合いの感触がどうであれ、こういった機会を与えていただいたことに感謝の気持ちを表し、良い印象で締めくくるようにすることは大切です。

この良い印象で締めくくるということは、今後のあなたの活動に、大きな影響を及ぼすからです。面談に参加しているのは、顧問先企業の担当者だけではなく、顧問派遣会社の担当者を含めて三者の面談ですので、顧問先企業とあなたの面談のやり取りは、顧問派遣会社の担当者も見ています。あなたの対応について、注目しているのです。

この先顧問先企業とあなたの面談で、あなたが顧問としての能力を十分に発揮できる可能性があると感じたのであれば、仮にこの面談はうまくいかなくても、新しい顧問先企業が現れた場合、有力な候補の一人となるからです。

面談終了後
顧問先企業と契約する際のポイント

顧問先企業とあなたの面談が無事終了したら、顧問先企業と顧問派遣会社との面談になります。応募者であるあなたは退席し、あなたの面談はここで終了となります。

その後、顧問派遣会社の担当者は、顧問先企業と話をします。

あなたを顧問として、採用の意思があれば、顧問先企業と顧問派遣会社の担当者は、あなたの顧問の契約の内容の話をします。

委託契約書や顧問契約書などを顧問派遣会社が作成し、顧問先企業とあなたに提示されます。

委託契約の内容としては、

①業務委託期間、②顧客企業名、③業務実施場所、④業務内容、⑤業務実施報告（必要とされる場合）、⑥顧問派遣会社の責任者、⑦あなたの指定振込先、⑧口座番号、⑨委託料 などが記載されています。

その他サービス委託に関する契約として、秘密保持、知的財産権の帰属、善管義務など、といった規約も書かれています。その内容をよく確認して、不明な点等があれば、問い合わせをしましょう。

双方の内容の確認が終われば、契約となります。

契約書は、最近は、WEB上で取り交わされることがあります。その際は、電子印鑑（電子印）が使用されます。あなたが、電子印鑑を持っていれば、それを使用します。持っていない場合は、顧問派遣会社が作成してくれますので、それを使用しましょう。

書面で、契約書を取り交わす場合もあります。その場合も内容をよく確認をして、署名、押印をしましょう。

顧問先企業、顧問派遣会社とあなたの間で、契約書を締結した段階で、いよいよあなたの顧問生活がスタートすることになります。

第4章

顧問ライフを100%楽しむ方法

顧問という働き方は、あなたが長年の経験を通じて身につけてきたスキル、ノウハウで後輩たちの課題解決に貢献するものです。パート、アルバイトのような「作業」とは違い、やりがいも大きく、プライドも満たされます。そんな顧問ライフを、より充実したものにするためには、どうすればいいか。私自身の経験を踏まえて、ヒントをお伝えしましょう。

郷ひろみも桑田佳祐も世良公則も同い年だから まだ働こう

２０２２年12月31日、大みそかのＮＨＫ紅白歌合戦に特別企画として、桑田佳祐、佐野元春、世良公則、Char、野口五郎が参加し、「時代遅れのRock'n Roll Band」を披露しました。奇しくも私は、彼らと同年代です。サザンオールスターズの桑田さんは、青山学院大学の経営学部に現役で入学されました。もし私が青学に入学していたら、なんらかの接点があったのではないかと今でも思っています。

このバンドは、桑田さんが仲の良い世良さんと話をしている中で生まれた企画だということです。ミュージシャンは一匹狼ではないかと思いますが、このような企画を生み出すことができるというのは素晴らしいことだと思いました。

サラリーマンであれば、65歳を過ぎればほとんどの人が定年を迎えます。私の周りでもほとんどの人は引退して、第二の人生を歩んでいるようです。

厚生年金や企業年金、退職金など十分な資産に恵まれている人は、生活のために働く必要はないでしょう。

しかし、そうではない人も中にはおられます。

どちらにしても、その人にとっては、一区切りつく年齢であるということは確かです。

誰もが来し方を振り返り、行く末を考えるはずです。自分の歩みを考えると、きっと自分は一人で成長してきたのではなく、多くの人の関与があり、それに支えられてここまできたことに気づくでしょう。これから働くとしても、働かないにしても、お世話になった方々へのご恩返しを考える時期に来ています。その人の身の丈にあったことで報いるべきでしょう。どのようにしたら、ご恩返しの1つでもできるのでしょうか？

顧問に登録することは、その手段の1つといえます。

顧問に登録して、あなたのこれまでの職務経歴やスキル、ノウハウなどを掲載することによって、あなたにふさわしい仕事を探すことができます。そして、そこで活躍することで社会に良い影響を与えていきましょう。それが今まで受けてきた恩を返すことにつながるでしょう。

また自己ＰＲ文を書くこともできますので、その仕事に対する今の思い等をそこで表現することもできます。あなたの職務経歴や自己ＰＲ文を読んで、あなたを必要とする人が現れるかもしれません。このように、あなたの思いに合った仕事を見つける手段が、顧問への登録なのです。

早期退職、定年後は「顧問」という選択が最適の理由

早期退職、定年後は、今まで時間が取れずにできなかった趣味に没頭したいという人がかなりいらっしゃいます。

定年後の3大趣味と言われるものがあるそうで、それは陶芸、油絵、山歩きだそうです。

私の感覚からすると、少し前のデータではないかと思われます。

それはともかく、いずれもかなりのお金と時間を要する趣味といえます。陶芸の場合は、原材料、ロクロから窯、作業場というように、準備にかなりの費用が生じます。人に自慢するような作品を作るにはかなりの年月が必要です。

油絵にしても一通り道具を揃えるのも大変ですし、自分なりのテーマを選択するのも、大きな課題となります。

山歩きもただ歩けばいいというわけではありません。

人によっては、日本百名山とか、どこそこのトレッキングコースとか、それなりに名のある所を踏破したなどの話を語る人がいます。

自分もその中に入るとなると、それなりの費用と日数をかけることになります。いずれも始めるとなると、それ相応のお金と暇が必要となります。

一方、早期退職、定年後の収入についてですが、基本となるのは、厚生年金です。人によっては、企業年金や確定拠出年金などに頼ることになります。**厚生年金だけでやっていける人もいますが、通常は、それに加えて5万円ほどの収入が必要といわれています。**

この足りない分の5万円をどのようにして、得るかということが、大きな課題となります。

パートやアルバイトで1日働くとすると、得られる収入はせいぜい1万円前後でしょう。

5万円必要とすると、毎月週1回のペースで働くか、月のうち、一週間だけ働くかという計算になります。

しかし顧問になれば、月に2日働くだけで5万円程度の収入になります。

趣味の時間や自分自身の時間をなるべく多くとりたい。しかし働く時間は最小限にして必要な収入を得たい。

このように考えている人にとっては、顧問の仕事は最適の仕事といえます。

顧問の仕事は、前章まで説明してきたように、並外れた能力を必要とせず、これまでのあなたの人生で培った経験をそのまま活かすことができます。パートやアルバイトで不慣れな「作業」をするのとはわけが違います。

そういった仕事をするのは、生きがいが感じられますし、人からも感謝されます。あなたの経験を活かす仕事は、顧問の立場でしか得られません。人から賞賛を得られる唯一の仕事と言っていいと思います。

自身が持つノウハウを早く、広く伝えることが社会貢献になると考える

顧問の契約期間は、３か月から1年くらいで、長いようで短いものです。短い時間の中で、効果や実績を上げるには、あなた自身が持つノウハウを、早く伝えることが重要です。

伝える際には、なるべく多くの人に伝えることで、伝える範囲も広がります。伝えることが社会貢献につながるのです。

厚生労働省が、「ポータブルスキル」という言葉で、個人のスキルを説明しています。ポータブルスキルとは、持ち運び可能な能力、あるいは仕事をする上で重要な能力という意味です。主に３つの能力からなりますが、１つ目は**専門技術・知識**、２つ目は**仕事のし方**、３つ目は**人との関わり方**です。

専門技術・知識は、特定の業界や職種などに適用するスキルを指します。電子・電

ポータブルスキルの構成要素

専門技術・知識

＋ 仕事のし方

成果をあげるために重要な行動		職務遂行上、特に重要であるもの
課題を明らかにする	現状の把握	課題設定に先立つ情報収集の方法や内容、情報分析など
	課題の設定方法	設定する課題の内容（会社全体、事業・商品、組織、仕事の進め方の課題）
計画を立てる	計画の立て方	計画の期間、関係者・調整事項の多さ、前例の有無など
実行する	実際の課題遂行	本人の役割、スケジュール管理、関係者、柔軟な対応の必要性、障害の多さ、成果へのプレッシャーなど
	状況への対応	柔軟な対応の必要性、予測のしやすさなど

＋ 人との関わり方

対人マネジメントで重要なこと		職務遂行上、特に重要であるもの
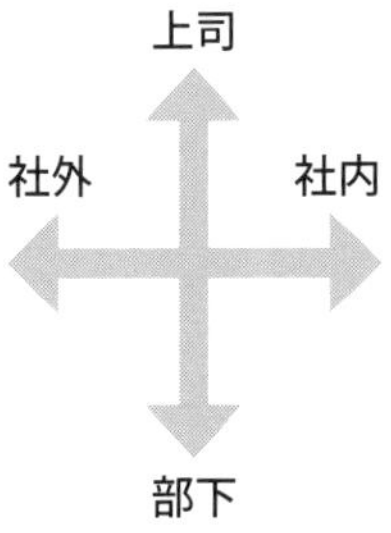	社内対応（上司・経営層）	指示に従う必要性、提案を求められる程度、社内での役割期待など
	社外対応（顧客、パートナー）	顧客、取引先、対象者の数、関係の継続期間、関係構築の難易度など
	部下マネジメント（評価や指導）	部下の人数、評価の難しさ、指導・育成が必要なポイントなど

出典：JHR 一般社団法人 人材サービス産業協議会「ポータブルスキル活用研修」

気、通信、化学など、エンジニアとしての専門技術がそれに該当しますし、営業、人事、総務、経理など事務系と称されるジャンルにも、それぞれ専門技術があります。

仕事のし方は、課題を明らかにして計画を立て、それを実行する能力を指します。マネジメントのスキルといってもいいと思いますが、これは必ずしもリーダー層にだけ固有のものではなく、一般社員であってもリーダーに協力して目標達成に貢献するフォロワーとしての能力も含まれます。

人との関わり方は、あなたが接する3つのタイプの人との関わり方です。3つのタイプとは、社内的な関わり方、社会的な関わり方、部下との関わり方です。社内的な関わり方としては、上司や経営陣とどう関わるか、社会的な関わり方としては、取引先や顧客とどう関わるか、部下との関わり方としては、評価や指導などをどのように行っているかが挙げられます。

長く組織で働いてきた人には、この3つとも、豊富な経験があるはずです。このうちあなたは、どの関わり方に長く時間を費やしてこられたでしょうか。営業部門の経験が長く、社外との関わりが深かったのか、中間管理職として上司や経営陣の説得に時間を費やしてきたのか、あるいは大勢の部下がいる環境の中で、指導、育成に力を注いできたのか。

ポータブルスキルの3つの能力のうち、あなたがどの分野に時間とエネルギーを費やしてきたかを検証することで、あなたのノウハウを伝える相手が変わってきます。ノウハウを伝える相手をしっかりと定めることが、ターゲットを明確にする1つの手段ともなり得るのです。

顧問の仕事は、あらゆる案件が舞い込んできます。ですからオールラウンダーであることは有利です。

しかしオールラウンダーではなくても、あなたならではのスキル、ノウハウにおいて、オンリーワンのものがあれば、あなたの活躍のチャンスは間違いなく広がります。

この観点から、履歴書、職務経歴書、自己PR文などをブラッシュアップすることをおすすめします。表面的な職務経験より、このような「具体的なスキルやノウハウ」こそが顧問先企業の担当者が知りたいと思うことなのです。

自身が持つノウハウを早く、広く伝えることが社会貢献になると考えている人には新しいチャンスが生まれるのです。

顧問派遣会社の担当者と今の顧問先の評価が高ければ、次の顧問先もやってくる

顧問先企業との契約が週1回の場合、1か月も経つと顧問先企業の現状や課題もはっきりと見えてきます。

顧問であるあなたの立ち位置や、今後の仕事の進め方についても、ある程度見通しがついてくる頃だと思います。

顧問派遣会社の担当者とは、毎週もしくは月に1回程度のミーティングが行われます。その際、担当者との会話の中で、顧問先企業の感触も得ることができます。

あなたの仕事の進め方に問題がなければ、この調子で進めてくれと言われますし、足りない面や要望等があれば、なんらかのフィードバックがあります。

顧問活動は、顧問先企業と顧問派遣会社と、あなたの三者で、顧問先企業の課題の

解決をはかる仕事です。

担当者がベテランであれば、年齢に応じた適切なアドバイスをいただくことができます。若い担当者であれば、もう少し噛み砕いた、もしくは段階を踏んだ対応の要求があるかもしれません。

顧問先企業から、あなたに直接苦言を呈されることはまずありません。

顧問先企業が顧問派遣会社の担当者を通して、伝えることが多いのです。

そのような話があった場合は、**謙虚に聞くようにしましょう**。

顧問先企業との活動がある程度順調に進めば、顧問派遣会社のあなたへの評価も上がります。評価が上がれば、顧問派遣会社に新しい案件が発生した場合に、あなたが紹介される確率が高まるのです。

今の顧問先企業との案件に関して、当初のテーマと違うという場合が起こることがあります。最初は、製品のマーケティングや販促を担当する予定であったものの、製品に不具合が見つかったり、予期せぬクレームが発生したりする場合などです。

その場合は、原因の追求や対策に注力しなければならなくなります。

当初のテーマは、かつての人脈などを頼ればなんとか乗り切れるはずだと思っていたものの、製品に関することはほとんど知見がなかったり、初めて聞く内容だったりすることがあります。

こういった場合、どうすればいいのでしょうか。

社歴が長い会社であれば、あなたに頼るまでもなく、ほとんどのことは対応できるかもしれません。しかしそうでない場合もあります。

ここであなたに求められるのは、「素人目線」で見ることです。

専門知識がほとんどない方が、かえって問題の本質を見極められる場合があります。

未知の領域に対応する場合には、あらゆる面から、さまざまな質問を投げかけて、あなたが感じた疑問を解消するところから始めてみましょう。

質問内容は何でもかまいません。的がはずれた質問でもいいのです。

あなたが発した疑問から、解決の糸口が見つかる可能性もあります。みんなが気づいていなかった問題を発見し、深掘りするきっかけになるかもしれません。

問題を解決するにしても、１００％の解決を求めているのか、50％でいいのか、とりあえずの対応はどこまですればいいのか、程度を知ることも重要です。

内容によっては、問題を解決するための道筋を見出すことを要求される場合もあります。

あなたの立場は、セカンドオピニオン、消費者目線からの提言と言い換えることができます。

知ったかぶりで対応するということではなく、ほとんど知らないという前提で参加する方がむしろスムーズに進みます。

顧問先企業との当初の課題ではなく、こういった突発的で、イレギュラーな課題に対しても、顧問先企業と一体になって課題解決に取り組むことは、顧問先企業の評価を高めることになります。

あなたの専門領域でない分野で、課題の解決に導くことができれば、あなた自身も、未知の課題に対する取り組み方を習得することになります。

もちろん、その課題を解決に導くに越したことはありませんが、仮に課題が最終的な解決に至らなくても、そのことが、あなたの顧問先企業の信頼につながるのです。

これらのことは、顧問派遣会社の担当者へも伝わり、あなたのノウハウ、スキルと位置づけされ、案件の紹介につながっていきます。

限られた時間の中で最善、最速の方法を考える

顧問の契約期間は、短いものでは3か月、長いものでも半年か1年です。つまりこの契約期間の中で、プロジェクトなり、課題の成果を出す必要があるのです。あなたがもらった時間は、実は限られているのです。

よって限られた時間の中で結果を出すためには、おおよそのプランを考え、スケジュールを作る必要があります。

現状を把握することなしにプロジェクトの本質を見極めるのは不可能ですので、最初は現状の把握に時間を費やすことになります。

机上の説明で概要を把握できればいいのですが、他の部門の人の話を聞かなければ

ならないとか、現場を確認する必要があるとか、口で説明しても理解を得にくいので状況を確認してもらえないかとか、現状を確認するだけでも1日か2日を要することはまれではありません。

顧問の契約期間が1年程度と長いものであればいいのですが、3か月か6か月だと具体的にすぐなんらかの活動を起こす必要があります。複数の課題がある場合は、複数のプランを同時進行的に進めていく必要があります。しかし、実際に実行するとなると難しいものです。

よって、最初に何から始めるか、そのことを決めるのは大変重要です。結果がすぐに出て、その結果が次のチャレンジにつながるというようなフローも考える必要があります。そのためには、最善、最速の方法を考え、まず結果が出ることから取り組む必要があるでしょう。

言うまでもないことですが、この最初の取り組み方が、プロジェクトの最初のあなたの評価となります。最初のステップで結果を出す必要があるのです。そのためには、顧問先企業の一番の問題点とそれを解決するための手段を、よく見極めることが必要です。最初の取り組みで少しでも光を見出だすことができれば、あなたも顧問先企業も手応えを感じることになります。あなたにとっては、今後の進め方について自信を持てるようになります。顧問先企業にとっては、会社内でのプロジェクトが成功への道を歩み始めたという感触を得ることになります。そして、あなたを顧問として採用した担当者をほっとさせます。

3か月、6か月という時間は、あっという間に過ぎ去ってしまいます。

一回、一回を最善、最速の方法は何かということを常に考えて、進めていくことが、早期の課題の解決につながるのです

顧問先企業が、考えているのは、一刻も早く課題を解決したい、売り上げを伸ばしたい、次の一歩を見出したいということです。追い込まれ、切羽詰まった状況を改善したいということです。

顧問先企業が想定しているより、一歩先をいった結果を出せるように取り組む姿勢が求められます。

担当者があなたを選んだのも何かの縁ですし、その後どういう展開になるのかは、あなたが担当者との縁を感じ取るかどうかです。なんらかの接点があれば、担当者と親近感を抱くようになりますし、雰囲気が良くなれば、顧問先企業との縁につながるかもしれないのです。

すべては一通の案件のメールから始まります。あなたがそのメールにどのように関わっていくかによって方向づけが変わってくるのです。

チャンスは誰にでも均等に与えられているのではないでしょうか。成功する人は、そのチャンスをつかむことができる人です。あとからあの時がチャンスだったとか、見過ごしてしまったとか、悔やんでも遅いのです。

そういった機会をチャンスに変えるのは、あなたの気持ちによるところがほとんどだと思います。チャンスをつかみ取るために虎視眈々と待っている人は、そうでない人以上にチャンスをつかむ可能性は高まります。チャンスはどこに潜んでいるかはわかりません。チャンスを見つけるためのあらゆる取り組みが必要なのです。

何事も縁があって始まる、頼まれ事は真摯に対応することにより道は開けるのです。

とにかくバッターボックスに立って、バットを振ってみる

最近のテレビのコマーシャルで印象的なものがありました。

「とにかくバッターボックスに立って、バットを振ってみたんです。
そしたら当たっちゃったんですよ」

世界最高齢プログラマー、87歳の若宮正子さんの言葉です。若宮さんは、定年後にPCを購入し、その後独学でプログラミングを学びました。81歳で「Hinadan」というお雛様をひな壇に並べるゲームアプリを開発しました。

チャンスは、誰にでもやってくる。成功した人は、そのチャンスをつかんだ人で、そうでない人は、チャンスに気づかなかったか、あるいはチャレンジしなかった人と

言われています。自分は、チャンスをつかめなかったとか、逃してしまったとは思わずに、これからやってくるチャンスをつかむことです。

高いスキルや経験があるかどうかは、自分ではなかなかわからないものです。自分の身近にいる家族や、友人、仕事仲間などにぜひ自分のやってきたことを話してみてください。もちろん謙虚な気持ちでさりげなく。そして、それに対する考えを尋ねてみてください。自分では気づかない才能が見い出せるかもしれません。

退路を断ってやってみる、というような大それたことを言っているのではありません。「ちょっとやってみる」「いろいろなことを調べてみる」、「ついでに聞いてみる」。そういった取り組みの中で、あなたの高いスキルや経験が見つかるかもしれません。高いスキルや経験が「顧問」という働き方に結びつくかもしれません。高いスキルや経験が見つかれば、それを長く活かすことができ、定年のない働き方につながるのです。

とにかくバッターボックスに立って、バットを振ってみる。

最初は、空振りするかもしれませんが、そのうち、バットに当たるようになり、ヒットか、場合によっては、ホームランになるかもしれません。

バッターボックスに立つ、立たないを決めるのは、あなた次第です。

社外顧問として価値を発揮するための「心得」

ここまで、私自身の経験に基づいて「社外顧問」になり、活躍するためのノウハウを書き連ねてきました。最後にまとめとして、やってはいけない「禁止事項」、社外顧問としてあなたの価値を存分に発揮するための「注意点と心得」を挙げておきます。

禁止事項

・受託業務の再委託（知り合いの会社へ業務を発注する、家族・友人などに契約内容を共有する）
・秘密保持・機密情報の取り扱い（家族・友人などに契約内容を共有する、個人情報・機密情報などを持ち帰ったり、メールに添付する、ＳＮＳなどに機密情報を投稿する）
・不正競争防止法に反すること（前職や他社の内部情報、その企業独自のノウハウ、商品デザイン、イラスト等を利用した場合、不正競争防止法上の差し止め請求、損害賠償請求を受ける可能性がある）
・知的財産の侵害になる行為（他社の知的財産権を侵害しないよう、配慮と確認を行う）

注意点、心得

・競合避止業務（特定の営業と同種の営業を営んだり、競争的業務を行わない）

・個人事業主として働く（労働者の働き方との相違をよく理解する。具体的には、契約条件、業務内容、収入、保険、納税、解約等について周知する）
・情報の取り扱い（支援先の情報の取り扱いは慎重に。具体的には、外部への持ち出し、第三者への提供、開示、複製などは慎む。一連の業務終了時には、返却、シュレッダーなどによる裁断、メールの削除などを行う）
・人間関係（各種ハラスメント、反社会的勢力との関わりなどは持たない）
・安全な業務運営の実施（顧問先企業、派遣会社との相談、連絡、調整を行う。顧問先企業の負担や迷惑行為を避ける。職場環境に配慮する。業務遂行にふさわしい身だしなみを心がける。顧問先の秘密保持、情報セキュリティー措置への協力や安全確保に努める）

※以上は、パーソルキャリア（HiPro Biz）の活動ルールより抜粋したものです。

私自身の心得

・常に顧問先企業、あるいは担当者の置かれている立場を理解し、必要な情報を提供し、個別の相談にも対応する。
・時間あたりの単価が高いため、単価に見合う情報内容の提供、時間の使い方を心掛ける（時間内に終了するように進行させる）
・一日の業務終了時には、顧問先が満足を得られたかどうかを第三者的に判断し、足りない場合は、次回の課題とする。
・調査や依頼事項については、次回に必ずなんらかの報告をする。一回の報告で不十分な場合は、全容が判明するまで逐次報告する。
・他社情報に関しては、秘密保持に関する部分には触れないが、顧問先に役立つ内容に関しては、できるだけ詳しく説明する。

おわりに

最後までお読みいただき、ありがとうございました。

この本を読んで、初めて「社外顧問」という仕事があるということを知られた方が、ほとんどではないかと思います。私も業務委託という形の「社外顧問」という仕事を知ったのは、人材派遣会社からの一本のメールがきっかけでした。第三者からでないとなかなか巡り会うことのできない仕事といえます。

もう1つ、私にとってのきっかけをお話しします。

定年を迎える年齢の方であれば、四国八十八ケ所巡礼は、いつかは経験してみたいことの1つではないでしょうか。通し打ち（1回ですべて巡礼し終えること）の場合、徒歩で45日前後、自家用車やバスで10日から2週間は必要です。通常は、これほど長

く休みをとることはできないので、何回かに分けて行くことになります。

また、行ってみたいと思ったとしても、資金と余暇の2つが揃わないとなかなか実現には至りません。常勤の会社にいる限り、長い休みは取りにくいからです。

私が定年後に常勤で勤めた会社で、たまたま「一週間程度であれば休んでもいい」という話がありました。年度替わりで、少し余裕が生じた時期であったと思います。

一週間休めるなら、今までできなかったことをしてみよう。

いろいろ探してみると、たまたまその一週間の中で参加できるツアーが見つかったのです。早速申し込みましたが、それが四国八十八ケ所を四泊五日で巡るツアーでした。四泊五日のツアーに三回に分けて参加すると、結願するものでした。

1回目のツアーに参加して、一番札所から三十六番札所まで巡ることができました。「休んでもいいよ」という話がなければ、行けなかったツアーです。

私はその後、転勤を伴う異動となり、中部地区に移りました。中部地区で探したところ、同様のツアーがありました。しかし、こちらは週末限定の一泊二日のツアーがメインでした。中部地区のツアーに五回参加して、なんとか八十八ケ所を巡り、結願することができました。ちょうどコロナが始まる前後でしたので、良い機会に巡礼できたと思っています。

「社外顧問」を知るきっかけは、私が中部地区に就業している時期でした。単なるメールですが、異動していた時期に届いたメールともいえます。東京にいる時であれば、メールの返信はしなかったかもしれません。四国八十八ケ所巡りのツアーに参加したからこそ、メールに返信しようと考えたのかもしれません。メールを返信しなければ、具体的に「社外顧問」を知る機会はなかったでしょう。中部地区にいるからこそ、メールを返信し、具体的に話を聞いたということなのです。

私は、同世代の早期退職者の方や、定年後の人に対して「社外顧問」の仕事をもっと知ってもらおうという気持ちでこの本を書きました。悠々自適に暮らすのはもちろん良いことです。しかし、週のうち、1日か2日でも、極端な話では、月に1日でも、今までお世話になった方へのご恩返しの1つとして働いてみてはいかがでしょうか。無理をせず、自分の動ける範囲内で、趣味や娯楽にかかるお金を稼ぐ。週に1日働くだけでも、一週間の気持ちの持ちようは変わってきます。

生活に足りない部分を補う、という考えでもいいと思います。家庭や、かつての職場ではなく、第三の活躍の場を持つということが、楽しみの1つに加わります。

本書は、顧問になりたい方を対象として書きました。

しかし、本書に書かれている手法は、再就職でも使うことができます。再就職に対しては、ここまで準備する必要はないとは思います。しかし、再就職の場合でも、本書に書かれていることの一部を応用するだけで、採用の確率は格段に高くなると思います。必要に応じて、ご活用ください。

最後に本書の企画について、ネクストサービス株式会社の松尾昭仁社長、大沢治子さん、コーチのみなさま、同期のみなさまにはいろいろとご指導いただきました。この場を借りて御礼申し上げます
本書の出版にあたり「定年世代にこそ社外顧問の生き方を知ってもらいたい」という考えに共感くださり、世の中に浸透すべく「定年顧問」というタイトルを考えてく

れた株式会社自由国民社の三田編集長には大変お世話になりました。厚く御礼申し上げます。

■ 著者プロフィール

岩﨑 和郎（いわさき かずお）

アドバイザー・技術顧問

1955年大阪生まれ、生後3か月で東京都へ移住、東京都大田区在住

1981年岡山大学大学院工学研究科修了、同年小野田セメント株式会社入社、

以後数社を経て、2016年昭和KDE株式会社を定年退職。

退職後、顧問派遣会社に登録、東証プライム化学品製造会社、

建築・土木構造物の検査・調査を行う会社等で技術顧問として業務支援中。

また、住宅用建材メーカーなどから市場調査などの業務をスポットコンサルとして、随時支援している。

趣味は、神社仏閣巡りとお遍路さん。

心に残る思い出は、TBSのクイズ番組で優勝して、ハワイとアメリカ西海岸で遊んだこと。

楽しさと生きがいを手に入れる　定年顧問

2024年3月11日　初版第1刷発行

著　　者　岩﨑　和郎

カバー＆イラスト　小口翔平＋須貝美咲（tobufune）
本文デザイン・DTP　株式会社シーエーシー

発 行 者　石井　悟
発 行 所　株式会社自由国民社
〒171-0033　東京都豊島区高田3丁目10番11号
電話　03-6233-0781（代表）
https://www.jiyu.co.jp/
印 刷 所　横山印刷株式会社
製 本 所　新風製本株式会社
企画・協力　松尾　昭仁（ネクストサービス株式会社）
ライティング　間杉　俊彦
編集担当　三田　智朗